GOBOOKS
& SITAK
GROUP©

生活勵志
019

都是你的錯

排行榜暢銷書作家 **何權峰** 著

某個人利用你，那是你的錯，
誰叫你自己要被利用；
某個人控制你，那是你的錯，
誰叫你自己要被控制；
某個人欺騙你，那是你的錯，
誰叫你自己要被欺騙；
不管你遇到什麼問題，
要記住，錯的永遠是你。

高寶國際有限公司
高寶國際集團

生活勵志 019

都是你的錯

作　　者　何權峰
編　　輯　陳家玲
出 版 者　英屬維京群島商高寶國際有限公司台灣分公司
Global Group Holdings, Ltd.
聯絡地址　台北市內湖區新明路174巷15號10樓
網　　址　www.sitak.com.tw
E-mail　readers@sitak.com.tw（讀者服務部）
pr@sitak.com.tw　（公關諮詢部）
電　　話　(02) 27911197　27918621
電　　傳　出版部　(02) 27955824　行銷部　（02）27955825

郵政劃撥　19394552
戶　　名　英屬維京群島商高寶國際有限公司台灣分公司
出版日期　2004年9月出版
發　　行　希代書版集團發行

香港總經銷　全力圖書有限公司
地　　址　香港新界葵涌打磚坪街58-76號和豐工業中心1樓8室
電　　話　（852）2494-7282　傳真　（852）2494-7609

Printed in Taiwan
ISBN:986-7799-91-7

有一個太太結婚後不久得知她的丈夫傑克已經結過二次婚了。

為此她覺得非常困擾。

某日，太太終於提起勇氣問傑克他前兩任妻子的事。

傑克說：「我應該早點告訴妳的。我的第一任前妻是死於誤食有毒的香菇。」

「那麼第二任呢？」

「她死於頭部外傷。不過那是她自己的錯，誰叫她不吃香菇。」

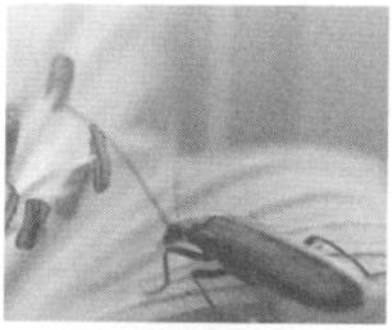

自序 都是你的錯

何權峰

長久以來，我們一直將自己的不幸遭遇歸咎他人。如果是公司業務進行得不理想，那一定是老闆的錯；如果某科作業的分數太低，那一定是老師不喜歡你；如果是家裡的事出錯，那一定是配偶的錯……錯的總是別人。

你不快樂，你會說那是因為某人，所以你才會如此不快樂；你覺得挫折、失望，那都要怪某人阻礙了你、辜負了你；如果你生氣，你又會說是別人的錯，是他惹你生氣的：「要不是他……，我也不會這麼生氣！」

「都是你的錯」每當哪裡出了錯，你總是把矛頭指向別人。然而，這麼一來整個方向就錯了，你變成是在別人身上找原因。

一旦你認為原因出在別人，你能怎麼樣？你的不快樂是來自別人，你將很難快樂，因為問題出在別人，你有什麼辦法呢？如果真是別人造成你的不幸，當然了，你又能怎麼樣呢？

當你把「指頭」開始指向別人時，你也把自己的命運交給了別人。因為你是無能為力的，你是無辜的、你是無助的，你的幸福是掌握在別人的手裡，別人成了你命運的主人。你又能怎麼樣，對嗎？

除非你能停止責怪他人，把責任從別人的手中拿回來，否則你永遠只是一個受制於人的奴隸。

我們已經當奴隸夠久了，而這個把我們銬上手鐐腳鐐的人，竟然還是我們自己。這怎麼可能？對，這怎麼可能？你甚至不知道自己對自己做了什麼，這才糟糕！

要怎麼讓大家看見自己，怎麼讓大家了解「問題的真正原因」是出在哪裡？也就成了我寫這本書的重點。

在我們的教育裡太缺乏「向內找」的教育，一昧往外追求的結果，迷路的人必然很多。是該有這樣一本書，指出那一條正確的路。

無論發生了什麼事，都是你的責任，無論遇到任何事，那個錯的永遠是你。

CONTENT

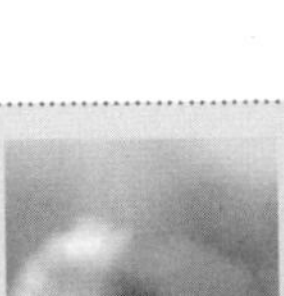

CONTENT

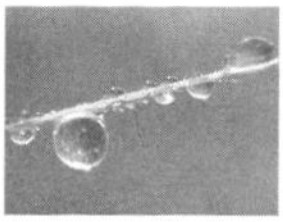

CONTENT

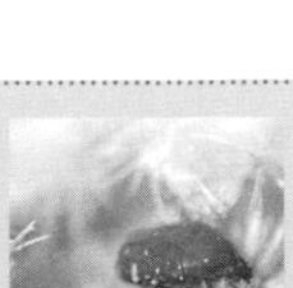

楔子

人們總可以找到各種理由藉口，
把責任推到別人身上，
即使錯誤都擺在眼前了，
也還能怪別人。

楔子

在進入本書之前，讓我們先看幾則小故事：

有一天，老蔡和他老婆在半夜裡回到家。他們發現家裡被闖空門，他老婆看到這副景象開始大哭大叫，她對老蔡說：「都是你的錯，你為什麼在離家前沒有檢查門窗有沒有鎖好？」

沒多久鄰居也都湊過去圍觀，大家在議論紛紛老蔡家被闖空門的事。一位鄰居說：「你家的窗是開的，你出門前怎麼沒注意到？」第二位鄰居說：「你的鎖已經舊了，隨便都可以打開，為什麼你不換新的鎖？」第三個鄰居說：「現在小偷很猖獗，到處都有人被偷，你實在也太粗心了！」大家都把錯怪到老蔡身上。

於是他說：「等一等！我並沒有錯。」

圍觀的鄰居異口同聲說：「如果不是你的錯，那是誰的錯？」

老蔡說：「難道小偷都沒有錯嗎？」

在談到錯誤時，你有沒有注意到，幾乎每個人都會認為錯並不是出在自己，而是出在別人身上，所以應該負責的是對方，而不是他；同樣的情況，別人也認為錯不在自己，應該負責的是對方……

古代有一個沿街叫賣扇子的小販，他每天都會經過一個員外的家，他慣於誇張他的扇子是獨一無二的，聲稱從來沒有人看過這樣的扇子。

員外從各地搜集了各式各樣的扇子，所以對他賣的扇子很好奇。有一天，他從陽台探身出來看這個叫賣獨一無二好扇的小販。對員外來說，那些扇子看起來很平凡，幾乎不值一文錢，但是他還是把那個人叫了進來，員外問：「你那些扇子哪裡獨特？價格又如何？」

小販回答說：「員外，這扇子不貴，就它的價值和品質來說，這價格算是很低的：一支扇子只賣一百兩。」

員外吃了一驚，「一百兩！有沒有搞錯，這種劣質的扇子市場上到處都是，你居然開那麼高的價錢。那這些扇子到底是怎麼個特別法？」

小販說：「品質！每一把扇子可以保證使用一百年，即使用上一百年，它也不會壞。」

「從它的外觀看，似乎連維持一個禮拜都有問題，你想騙誰啊！」

小販急忙回道：「大爺，我豈敢？您知道得很清楚，我每天賣扇子都經過你的門前，如果我騙您的話，要殺要剮隨你處置。」

那把扇子就按照小販所要求的價格被買了下來，雖然員外半信半疑，但是居於好奇，他還是買了，並要求小販一星期之後要來找他。

結果，才用三天，那把扇子中心的柄就跑出來了，不到一個星期整把扇子就完全解體。

當那個小販回來找他時，員外非常生氣，「你這個混蛋！你看，這就是你的扇子，全部都支離破碎，才幾天就爛成這個樣子，而你還敢說保證用一百年！你真是個超級大騙子。」

那小販一臉無辜的回答：「恕我冒昧，您似乎不知道如何使用這把扇子，這支扇子一定可以維持一百年，我可以保證。您是怎麼搧的呢？」

員外說：「我的天啊！難道我還要學習如何搧扇子嗎？」

「請先別生氣，您能告訴我您是怎麼搧的嗎？」

員外拿起扇子搧給他看。

那小販說：「現在我了解了，您這樣搧是不對的。」

「難道還有其他方式嗎？」員外問。

小販解釋說：「首先，你必須把扇子抓牢，固定在你的面前；然後您再擺動頭，這樣用的話，扇子就可以用一百年也不會壞。是您自己的方式用錯了，我的扇子有什麼錯呢？錯的是您，而不是我。」

人們總可以找到各種理由藉口，把責任推到別人身上，即使錯誤都擺在眼前了，也還能怪別人。有一個太太怒氣沖沖的闖進門，果然看到她的先生和一個陌生的女人抱在一起，她憤怒交加的問：「你還敢怪我疑神疑鬼，現在你還有什麼話說，你說為什麼我會逮到你和這個女人在一起？」

先生竟回答說：「我怎麼知道。要怪就怪你太早回家了。」

查理在外地推銷東西。還有三天他就要回家了，於是打了一個電報給妻子。這一天他回到家裡，卻看到妻子跟別人親熱，不由得怒火中燒。他氣沖沖的跑到妻子的父親家裡，說了這件事。岳父也氣得要命，說會去教訓女兒。

第二天，岳父和女兒會了一面。岳父馬上又去找查理，不滿地說：「這事也不能全怪我的女兒，你的電報她根本沒有收到。」

另有位先生下班回家，撞見老婆與人偷情，正要大發雷霆之際，老婆竟先發制人，質問他說：「你半夜三點鐘才回來，去哪兒鬼混了？」

這個老公想妳作賊的喊抓賊，怒道：「妳倒說說看，這個男人是誰？」

雖然都已經捉姦在床了，老婆還是理直氣狀的說：「不要故意改變話題！先回答我問你的事！」

我還聽過更扯的事，有個女人跑去找律師，說她受夠了她的先生，她想要離婚。

律師說：「好的，那麼你的理由是什麼？」

女人說：「理由？什麼理由？」

律師說：「妳知道的，想要離婚一定要有理由啊！」

「喔！」女人說：「他對不起我！」

律師很耐心地問：「嗯，他是不是沒有給你生活費？」

女人說：「有！錢都是他給的。」

律師說：「好！那，他是不是對你動粗，他有沒有打妳？」

女人不屑地說：「量他也沒有這個膽。」

律師再問：「喔！那他對妳忠誠嗎？他有沒有對妳不忠？」

女人大叫說：「這就對了，這就是他對不起我的地方，我知道他並不是我們家老三的父親。」

❀ ❀ ❀

你看，說來說去「都是你的錯」，太太說是先生的錯，先生說是太太的錯，不管是張三、李四還是老五都行，錯的永遠都是別人，讓我們繼續往下瞧：

話說張三剛搬進一層公寓裡居住，郵差還把以前住戶的郵件放在他的信箱裡。為了提醒郵差，張三把信箱上他的姓名加得很大，但以前那位住戶的信件仍源源而來，最後張三在信箱上留了張便條給郵差，說他把郵件送錯了。

第二天，張三發現他留的便條上加了一句話：「先生，我沒有錯，是你住錯了地方。」

❀ ❀ ❀

李四做事總是心不在焉，這天他剛從游泳池回家。他的妻子吃驚的發現他只穿著內衣。

「你的襯衫哪裡去了？」

「喔，襯衫？一定是有人在更衣室把我的襯衫拿錯了！」

「可是別人的襯衫呢？我看你也沒有穿啊！」

「可惡！」他氣著說：「那人一定是個心不在焉的傢伙——竟然沒有把他的襯衫留給我！」

⁂

老五被控在公車上打一個女人，法官問他，是否他有任何理由？

「是的，」他解釋道：「我坐在公車上，她坐在我隔壁的座位，然後她不斷的開錢包、關錢包、開錢包、關錢包……」

「當車子停下時，她又不斷的開錢包、關錢包、開錢包、關錢包……當車子開動時，她又繼續開錢包、關錢包、開錢包、關錢包……」

「停！」法官叫道：「你快把我搞瘋了！」

「對！」老五說：「這就是我那時的感覺！」

你會驚訝人們在推責任時的聰明和機智，那可真是讓人「沒話說」，畢竟要去承認自己的過失，要接受自己的錯誤並不容易，這也就是為什麼在書本一開始我會拿「別人的笑話」帶入，原因就在這裡。

這些只是一個開場白而已，在接下來的內文和文章後面，還有更多的笑話，在笑話中你可以看看別人，看看人們的「笑話」，當然啦，同時你也要自省一下，你是不是也是這樣，也許只要改名字，那笑話說的正是你啊！

會心一笑

妹妹：「哥，你是我見過最愛乾淨的人。」

小明：「過獎了，妳是怎麼看出來的？」

妹妹：「不管什麼事，你都推得一乾二淨。」

chapter 1

可憐的鱷魚！

我們可以看到別人嘴上的芝麻，
卻看不到自己額頭上的蒼蠅；
可以看到別人眼中的刺，
卻看不到自己眼中的樑木……

可憐的鱷魚！

有一隻烏鴉去到青蛙那裡說：「森林即將舉辦一個大型的宴會。」
青蛙張開牠的大嘴巴說：「太……棒……了！」
烏鴉繼續說：「那天會有很多美食和飲料！」
青蛙回答說：「太……棒……了！」
「將會有很多漂亮的辣妹，和滾石大樂團的演奏！」
青蛙嘴巴張得更大，喊著說：「太……棒……了！」

然後烏鴉說：「但是有大嘴巴的人不准參加！」

青蛙馬上緊閉起牠的嘴唇，喃喃低語：「可憐的鱷魚！牠一定會非常地失望！」

這正是一般人的問題——只看到別人的問題，對自己的問題卻視而不見。

有一天，Eric 跟朋友聚會，不知怎地，聊到關於鄰居的話題。

Eric 激動的說：「我家隔壁剛搬來的鄰居，真的好可惡。」

朋友好奇的問：「到底怎麼啦？瞧你這麼激動。」

Eric 誇張的嚷著：「你知道嗎！常常到了三更半夜，隔壁的小孩還跑到我家門口按電鈴，真不知道他們的父母是怎麼教的。」

朋友失笑的說：「哪有這樣子的，你沒有跟他的父母反應嗎？」

Eric 一臉不屑地說：「我才不跟他們一般見識，當他們是瘋子，繼續練習我的笛子。」

我們可以看到別人嘴上的芝麻，卻看不到自己額頭上的蒼蠅；可以看到別人眼中的刺，卻看不到自己眼中的樑木……

有一對夫妻，在做完禮拜出教堂時，太太問：

「你有看到坐在我們前面那個女人，穿的那件款式的衣服嗎？還有走道那邊，那個女人穿的高跟鞋，還有你左邊那個人燙的頭髮，你覺得好看嗎？」

「沒看到，」丈夫招認說：「我在裡面睡著了。」

太太狠狠的瞪了他一眼：「真是的，你上教堂是來睡覺的嗎？」

光看到別人的問題，就是看不到自己的錯誤。想想，你也是這樣嗎？

會心一笑

「法官大人，我實在受不了我太太。她在臥房裡養了兩隻狗和一隻貓，味道臭死了！」

「那你為什麼不把窗戶打開？」

「打開窗戶？那我的鴿子豈不都要飛出去了？」

chapter 2

我一點都不覺得懷疑

發瘋的總是別人，
問題總是在別人，
你從來不會懷疑自己。

我一點都不覺得懷疑

有一個阿公開車走高速公路，他要到北部找兒子。

阿嬤心想，阿公車上的音響壞了，沒有辦法知道路況，所以在家就打開收音機聽路況報導。

若有狀況，她就可以打大哥大通知阿公，忽然老太太聽到收音機的路況報導說：「高速公路上有一輛車逆向行駛，請駕駛們注意。」

阿嬤很緊張，馬上打阿公的手機。阿嬤說：「老伴，你要小心，聽說高速公路有一輛車在逆向行駛喔！」

阿公很氣憤地說：「什麼一輛，是好幾百輛啦！」

千錯萬錯都是別人的錯，人們從來不會懷疑自己，即使自己發瘋了，也會覺得自己才是對的……

有位老兄匆忙的跑進一家店裡，他問店員說：「你有看到一個瘋女人經過這裡嗎？」

那個店員說：「她是你的什麼人？有什麼特徵嗎？」

「她是我太太，」這老兄開始描述她，他說：「她有一百八十公分高，非常的胖，體重三十公斤左右。」

那店員聽完非常疑惑，他說：「如果她有一百八十公分高，而且非常的胖，她怎麼可能體重三十公斤。」

那個老兄笑著說：「你腦子是不是有問題，我不是告訴過你說她發瘋了嗎？」

發瘋的總是別人，問題總是在別人，你從來不會懷疑自己。我聽說有一個老師要求學生寫一封信當作家庭作業，有個學生寫好之後，就拿給老師看，裡面有很多錯字，幾乎寫了多少字就錯了多少字，所以老師立刻把他找來，責罵他：「你的錯字實在多得離譜！你為什麼不查字典？我曾說過多少次了……當你覺得懷疑，你就要查字典。」

那個學生說：「但是，老師，我一點都不懷疑。」

你懷疑問題到底出在哪裡，就是從來都不懷疑那真正的問題——你自己。

會心一笑

一個男人穿得像希特勒去看精神科醫生。

他說：「你看，我根本沒問題。我有全世界最大的軍隊，任何我需要的錢財，以及所有你想像得到的尊榮。」

「那你還有什麼問題？」醫生問。

他說：「是我的妻子，他腦子有問題，她以為她是柴契爾夫人。」

chapter 3

你在騙誰啊！

你在騙誰啊！
頭腦會繼續去找一些合理的解釋，
人們稱它們為原因，其實那哪是原因，
根本是藉口，還不是為了要推卸責任。

你在騙誰啊！

警察抓到正在賭博的四個人。
「你們知道這是犯法的嗎？」警官向第一個人怒吼道。
「不，我只是在這裡講話。」
警官又問第二個人：「你呢？」
「我是在等候公共汽車。」
第三個男人也插嘴道：「警官，我也是在這裡等車的。」

警官看了看第四人，他手上拿著牌。心想這下看你還能怎麼賴：「你手中有證物，不能抵賴了吧？」

他無辜地看著警官，答道：「那麼我跟誰賭呢？你說說看。」

頭腦非常狡猾，徹頭徹尾的狡猾，它可以給任何錯誤合理的解釋，不論犯了什麼錯，人們都有合理的理由。當然啦！那理由都是假的，如果你深入去了解，你將會發現那都只是藉口而已，所有的理由無非都是為了掩飾自己的錯誤。

有一天，老李很晚才回家，那時都已經清晨三點了，他敲了門，他太太非常生氣，但是老李說：「等一下，先給我一分鐘解釋，然後妳要怎麼生氣再說。妳以為我去了哪裡？我是去照顧一個病得很重的朋友。」

他太太說：「瞧你說得好像真的一樣，那你告訴我那個朋友的名字。」

老李想了又想，想了又想，然後帶著勝利的口氣說：「他病得很重，所以他無法告訴我！」

就是這樣，對任何錯誤頭腦都能找到藉口，但藉口畢竟都只是藉口，那都不是真的。

比方說你今天心情不好，就為了蒜皮小事你就對別人大發雷霆，然後你就會找一個理由，那理由並不是原因，但是你會欺騙自己和別人說是因為這個原因你才動怒，這就是藉口，人們可以瞎掰一千零一個藉口，就是為了合理化自己的錯誤，即使被逮個正著，也還能掰……

有個小偷，在展覽會的拍賣場上，偷了一件珍貴物品，在會場上當場被看守員抓個正著。

眾人問：「你在這兒也敢偷東西，人這麼多你也敢！」

小偷指著壁上的海報說：

「你們看，你們自己寫著：『千載難逢，切勿錯失良機』？」

頭腦總是有辦法找到理由，我聽說有一個小偷被抓到警局還一直狡辯：「我不是小偷——」

警察說：「不是小偷？那你為什麼半夜去開人家的大門，你還敢狡辯！」

這小偷一臉委曲地解釋：「我是在路上撿到一把鑰匙，想去試試看是哪一家的，好還給失主啊——」

你在騙誰啊！頭腦會繼續去找一些合理的解釋，人們稱它們為原因，其實那哪是原因，根本是藉口，還不是為了要推卸責任。

會心一笑

戰士約翰在戰場上一股勁地向後跑。指揮官用槍頂住他，厲聲問：「你是不想臨陣脫逃？」

「不不，」約翰說：「我的槍有效射程是一千米，而我們與敵人的距離只有二百米，所以我要向後跑八百米，然後開槍。」

chapter 4

狗跑到哪裡去了？

為什麼要推卸責任？
原因很簡單，因為一旦承認過錯，
等於是否定了自己，
同時還必須面對自己的問題和罪惡，
為了維護顏面，只好來個死不認錯。

狗跑到哪裡去了？

為什麼要推卸責任？

原因很簡單，因為一旦承認過錯，等於是否定了自己，同時還必須面對自己的問題和罪惡，為了維護顏面，只好來個死不認錯。有一個借驢的趣聞，你聽聽看，就會明白……

瑞迪坐在家門前，一個鄰居朝他走來。

「你好，瑞迪。我要去買點東西，你能否把你的驢子借我？」

「真不好意思，我的朋友，今天我的驢子不在家。」

就在這時候，屋裡的驢卻開始叫了起來。於是鄰居勃然大怒，對瑞迪說：

「枉你自稱是我的朋友，居然捨不得把你的驢子借我？」

「我剛才不是告訴過你，牠不在家！」

「別再騙人了，我剛才明明聽到牠的聲音。」

「你真是令我失望！枉你自稱是我的朋友，居然相信驢說的話，而不相信我說的話？」

明白了吧！不肯認錯的人，總是「越『錯』越勇」，否則不是糗大了嗎？

然而，錯誤也只能用錯誤來掩飾，為了掩蓋一個洞，就不得不挖一個新洞來補，結果洞也只會越挖越大……

有一個爸爸叫他的兒子小伯特過來，然後給他十塊錢說：「小伯特，去雜貨店幫我買三磅奶油。」

小伯特衝出家門，牽著小狗皮皮一起出去。途中，小伯特經過他最喜愛的糖果店，心裡盤算著該如何花這筆錢。

於是，他跑進糖果店買糖果，然後偷偷溜進家裡，把巧克力藏在床底下。

接著，小伯特哭喪著臉跑到父親面前。

「怎麼了？」爸爸問道：「奶油呢？」

「就是這隻狗，」小伯特指著皮皮說：「這個混蛋把奶油刁走，然後全吃光了！」

於是，爸爸把狗抓過來，放在磅秤上，指針正好指著三磅。

爸爸搔搔頭，轉身對小伯特說：「沒錯，這是奶油，可是狗跑到哪裡去了？」

這下可真的糗大了……就算鑽進洞裡，尾巴還翹在半空中。

會心一笑

「服務生！怎麼這隻龍蝦只剩下一隻鉗子？」
「牠和另一隻龍蝦打架時打輸了。」
「那麼換那隻打贏的龍蝦給我。」

chapter 5

我才懶得去買

只要把錯誤指向別人，
就不關你的事，
這就是為什麼人們要推責任，
為什麼會死不認錯的原因。

我才懶得去買

有幾隻青蛙喝醉了酒之後，頭非常痛。

其中一隻說：「現在要是有阿斯匹靈就好了！」

就在此時，有一隻烏龜正好經過，從旁聽到那些話，牠說：「這樣吧！看在我們多年交情的份上，我幫你們去買阿斯匹靈好了。」

「啊！真的嗎？那真是太謝謝你了！」

眼看一整天都過去了，牠們都沒有看到烏龜的蹤影，更別提阿斯匹靈了，其中一隻青蛙對另一隻抱怨說：「我說，你們認為那隻烏龜可靠嗎？牠已經去了好久好久了耶。」

就在牠說話的時候，那隻靠在石頭後面閉目養神的烏龜，走到牠們面前，不高興的說：「如果你們要在我的背後像這樣批評我，我才懶得去幫你們買阿斯匹靈！」

你看，只要指出問題是出在別人身上，就不需要負什麼責任，狡猾吧！

既然錯又不在你，你又何必負什麼責任呢？所以人們才會樂此不疲，一再把過錯指向別人：有時說是老婆的錯，有時說是老公的錯，有時說是家人、童年、父親、母親……有時說是命運，說是老師、老闆、老天爺，責怪的對象或許會換，但把戲是同一套——錯的都是別人。

有一個太太結婚後不久得知她的丈夫傑克已經結過二次婚了。為此她覺得非常困擾。

某日，太太終於提起勇氣問傑克他前兩任妻子的事。

傑克說：「我應該早點告訴妳的。我的第一任前妻是死於誤食有毒的香菇。」

「那麼第二任呢？」

「她死於頭部外傷。不過那是她自己的錯，誰叫她不吃香菇。」

那是她自己的錯，誰叫她不吃香菇。就是這樣，只要把錯誤指向別人，就不關你的事，這就是為什麼人們要推責任，為什麼會死不認錯的原因。

現在你知道了吧！

047 我才懶得去買

會心一笑

一個婦人生下第十個孩子，婦產科醫生接生之後對她丈夫說：「也許你們應該考慮節育了。」

「醫生，」那人有點不高興地回答，「是老天爺把孩子賜給我們的。」

「不錯，」醫生說，「老天爺也降雨給我們，可是我們都會穿上雨衣。」

chapter 6

連一隻笨驢都知道

不管你用再多、再美的藉口都一樣，
你還是你，那個責任永遠是你的，
不管你把它推到誰的身上，
推給伴侶、推給同學、同事，
甚至推給笨豬、笨驢都一樣。

連一隻笨驢都知道

這已經成了一種習慣，一旦問題出現，人們就把過錯指向別人……

你會說：這都是他造成的，他要負責，是他在製造問題，是他讓你陷入苦難，是他讓你挫折、失望，是他惹你生氣……

這麼一來，你就成了受害者，你只要不斷證明別人是壞人、是罪人，是別人欺負你、對不起你，每一個人都是錯的，那麼相較之下，你顯然就成了對的、好的，是受委屈的一方。然後呢，然後你就可以理直氣壯的說：

「看，都是他的錯，所以你才會……」這伎倆的確高明，只要一再否定別人，把責任丟給別人，你就「永保安康」，因為沒有比這更容易的事，對嗎？沒錯，這樣你就不需要去改變自己了，既然你沒有錯，又何必改變呢？然而問題是，當你把一切錯誤和責任都丟給別人，你認為你真的就「對」嗎？你就變得不一樣嗎？有嗎？不，你還是一樣……你還是老樣子，那個錯誤還是一樣的。

你可以用批評和抱怨來卸除責任，並繼續把別人「抹黑」，這或許給你一種幻覺誤以為自己是光亮，但這只是自欺欺人，因為黑暗就在你的內心，黑暗並不能帶來光亮，黑暗只會將你帶入更深的黑暗。

不管你用再多、再美的藉口都一樣，你還是你，那個責任永遠是你的，不管你把它推到誰的身上，推給伴侶、推給同學、同事，甚至推給笨豬、笨驢都一樣。

從前有一個人在一家工廠上班，那個人非常窮，他都是騎著驢子來工廠，但是由於他回到家的時候都很晚，所以太太總是很生氣。

有一天，他告訴太太說：「妳根本不了解整個情形：每次，當最後一聲下班的鈴響，這隻驢子因為已經習慣，即使我只慢了幾分鐘，牠也會自己先走回家。在下班的時候大家都匆匆忙忙，每個人都急著先走，所以當我走到外面時常常來不及，那隻笨驢就已經先走掉了！害得我必須走路回家，這就是整個情形。」

他認為這麼一說一定會有幫助，便問太太說：「妳現在了解了吧！」

他太太說：「我了解的很清楚，甚至連一隻笨驢都知道什麼時候該回家！」

了解了嗎？你可以把責任推給別人，但你還是你，你不會因為批評別人很笨，自己就變得很聰明，對嗎？

會心一笑

老師：「我國的文學，博大精深，每個字都有它的根源和意義。」

學生：「何以見得呢？」

老師：「例如說，所有木字邊的字，都是木頭做的東西，椅子啦、木櫃啦、樹屋啦……都是。」

學生：「那不對呀！杯子的『杯』字是木字旁，那怎麼不是木頭做的呢？」

老師：「你怎麼這麼笨呀！你沒有看見杯旁邊是一個『不』字嗎？」

chapter 7

給我另一把新鎖

「鑰匙完全沒問題，給我另一把新鎖，
我就可以打開了。」
這句話是不是聽起來很熟悉呢？
你沒有問題，問題就出在他……

給我另一把新鎖

一名醉漢使勁地想打開他家的門。他的老婆已經因此對他很厭煩，醉漢還是不管，他總是任自己的意，三更半夜才回家……所以她說：「你自己有鑰匙，以後不要再敲門了，我不想睡到一半被吵醒。」

這一天，他回到家已經喝得爛醉，手抖得很厲害……鎖在那邊，但他的鑰匙卻朝向另一邊，所以一直無法打開那個鎖。

有位警察經過看到這種情形，就走過來問他說：「需要我幫你嗎？」

那個醉漢說：「你來的正好，你幫我把房子抓穩，這地震實在太厲害了。」警察聽了忍不住大笑。

就在這個時候，他的老婆聽到吵鬧聲，從二樓打開窗戶問道：「怎麼了？打不開嗎？要不要再拿一把鑰匙給你？」

這醉漢說：「鑰匙完全沒問題，給我另一把新鎖，我就可以打開了。」鑰匙沒問題，問題是出在鎖。這句話是不是聽起來很熟悉呢？你沒有問題，問題就出在他……記起來沒？

對，問題就出在別人。所以當這個工作不適合你，你就會說問題是出在工作；當這個女人不適合你，你就會想說另一個女人或許會適合你；這就是長久以來人們一直在做的，他們不去改變自己，卻指望換個工作、換個老闆、換個男人或換個女人，就像那個醉漢所說的一樣：「鑰匙完全沒問題，給我另一把新鎖，我就可以打開了。」

你以為換一把鎖，就可以打開嗎？不，除非你把鑰匙插對了孔……
否則搖搖晃晃，恍恍惚惚，就算換再多的鑰匙或鎖都是打不開門的……
除非你能清醒過來。

會心一笑

派克在酒吧裡喝酒，直到關門他才恍恍惚惚地走出酒店，蹣跚地在街上試著回想回家的路怎麼走。派克怎麼想也想不起來，最後只好放棄，坐在馬路旁休息。直到他看到一輛計程車經過。派克趕緊起身，把計程車攔下，坐上車，他告訴司機：「麻煩你載我到紐約第五街。」

司機回頭，望了他一眼，告訴他：「先生，這裡已經是紐約第五街。」

派克掏出錢來說：「哦！好，但是下次別開得那麼快。」

chapter 8

只要他改變

他們想改變太太、改變先生、改變孩子、改變婆媳、改變朋友……

就唯獨自己什麼都不用改。

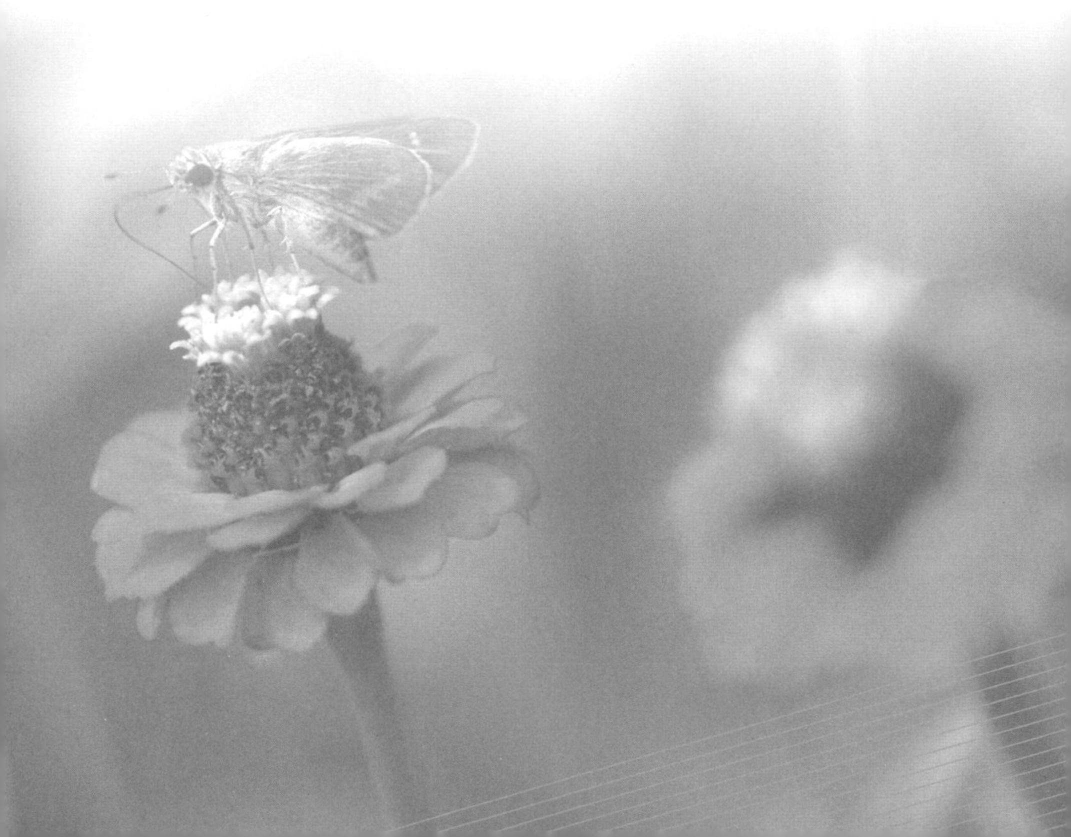

只要他改變

每當談到誰應該改變時，你有沒有注意到，大多數的人都會認為問題並不是出在自己，而是出在別人身上，所以應該去改變的是對方，而不是他；同樣的情況，別人也認為錯不在自己，應該改變的是對方。結果雙方都不認錯，誰也不願改，大家都把矛頭指向對方。

因為他的錯誤是那麼的明顯，所以應該改變的當然是他——他應該改變他的想法、他應該改變說話的方式、他應該改變他的態度、他應該改變他的行為……。就這樣，別人總是錯的，他們應該改變這個、改變那個，只要跟自己不合的人都應該改變。

他們想改變太太、改變先生、改變孩子、改變婆媳、改變朋友……就唯獨自己什麼都不用改。

如果你的伴侶與你不合，你就想去改變，改變不了，你就生氣。你只知道改變別人，而自己卻一點都沒變，結果會怎麼樣？情況還是老樣子，對嗎？自己不去改變，卻指望所有的人都變成你希望的樣子，這怎麼可能？

人們總以為，只要某個人改變了，自己才可能過著幸福快樂的生活。所以我們常聽人家說：「只要他改變，那我的心情就會好起來」、「除非他改變，否則我是不可能快樂的」。

如果你也這麼認為，那我想你永遠也快樂不起來，你的快樂怎麼可能來自別人？你認為改變你先生、太太、孩子你就會快樂嗎？不，如果你自己沒變，那你還是會創造出不快樂的，因為你的做法正是一切不快樂的根源。

我們的世界是由無數個你所構成，試想，如果每個人就跟你一樣，都不願改變，你想這世界能有多大的改變？

會心一笑

「妳丈夫需要安靜，」醫生對陪丈夫來看病的妻子說，「這是安眠藥。」

「謝謝，我會按時給他服藥的。」

「不，這藥是給妳吃的。」

chapter 9

這次是不遵守交通規則

「就因為誰、誰、誰，所以我才會……」
那都只是藉口，就算那些人都不存在，
你還是會一樣的，你無法逃離你自己，
畢竟你還是你。

這次是不遵守交通規則

有個人想要搬家，而這已經是他今年搬第五次家了，朋友好奇地問：「住的好好的，怎麼想搬家？」

那個人抱怨說：「這裡的人，做人都很差勁，很難相處，所以我想搬到其他地方。」

朋友問說：「你不是才剛搬來不久嗎？」

那個人說：「是啊！今年就搬了五次了，還是找不到適合的地方。」

朋友又問：「原因都是一樣嗎？」

那個人說：「對呀！」

朋友說：「我看你這樣搬家也是無法解決問題的。」

那個人說「難道你有好的辦法？」

朋友說：「換了那麼多地方你都有問題，難道你沒有想過，問題可能出在你自己嗎？」

他說得對，問題不在你住在哪裡，問題不在你待在什麼地方，問題在於你。你可以從一個地方換到另一個地方，從一個工作換到另一個工作，從一個環境換到另一個環境，但是問題還是一樣——你無法逃離你自己。

你如何能逃得開自己？不管你到了哪裡，你都會和你自己在一起。不管你搬到台北，或者到北京，你都會帶著你的頭腦，你頭腦裡面的內容物和想法都會一樣，你將繼續創造同樣的問題。如果你不去改變，那麼你到哪裡都

一樣──

有一個人因違反交通規則被告上了法院，法官大人說：「什麼！你怎麼又來了？我想這一次應該不會是你。第一次你的罪狀是違規停車，然後你因闖紅燈而出庭，接著你又闖越平交道，然後你又因酒後開車出了狀況，現在你又是為何原因而來？因為最後一次你被告的時候，我已經將你的駕照撤銷了！」

那個人一臉尷尬的看著地板說：「法官大人，我這次是不遵守交通規則，擅自穿越馬路。」

要違法不一定需要車子，一樣可以創造同樣的問題。人們以為：「就因為誰、誰、誰，所以我才會……」那都只是藉口，就算那些人都不存在，你還是會一樣的，你無法逃離你自己，畢竟你還是你。

會心一笑

女主人對來應徵的女傭說：「妳能做得長久嗎？看來妳已經離開過不少地方了。」

女傭：「是的，太太，但我離開那些地方，都不是我願意的呀！」

chapter 10

再換也是一樣

你可以換，但你的不滿將會繼續。
如果你的身體不舒服，
那麼即使換再多的菜色也無法創造出好的胃口。

再換也是一樣

你可以改變外在，但若內在不變，外在一切也不會變。因為外在的一切都是內在所創造的。

如果你是不快樂的，你認為換個地方、換個房子，你就會活得很快樂嗎？那你就錯了！是誰去住在那裡？是誰要去住進那個房子裡的？要去住在那裡的人同樣是「你」，對嗎？如果你住在和平東路不快樂，就算搬到和平西路也不會快樂，因為去住的人是「你」；如果你住在公寓不快樂，那就算你搬到別墅去住你也不會快樂的。

快樂並不是在你的外面，它是在你的內心裡面。如果你能在小公寓很快樂的生活，你就能在大別墅裡生活的很快樂，因為房子並不是在你的外面，它是在你的內心裡面。如果你在小公寓過得很痛苦，那你在大別墅裡將會過得更痛苦，因為它是比以前更大的負擔——你將打掃更大的房子，你將花費更多的開銷，你要擔心、要面對的問題只會更多，那個痛苦只會更大。

你繼續試著去改變外在的世界，但不論你做什麼，世界都沒有改變，因為你沒有改變。你能夠換更大的房子、更大的車子、更漂亮的伴侶，但是那個情況將會一樣，因為你是一樣，不快樂就是不快樂，到那裡還不都一樣，你將繼續攜帶你的不滿，不管你做什麼。

有個朋友來找我，他告訴我說他的太太非常不滿，他是不是應該換另一個女人？

069 再換也是一樣

我告訴他：你可以換，但你的不滿將會繼續。如果你的身體不舒服，那麼即使換再多的菜色也無法創造出好的胃口，你必須改善的是你的身體，當你身體變好了，那吃什麼都好，對嗎？

問題不在那個女人，即便那女人是有問題的，但那個問題還是在你，真正的問題總是在你的內在。

如果你是不快樂的，你認為換個太太、換個先生，你就會活得很快樂嗎？你錯了！因為你的太太和先生只是一面鏡子，如果你還是老樣子，那就算換再多的鏡子也是一樣的。

換再多的鏡子也無法改變你的長相。

會心一笑

有一個士兵在解釋靈魂轉世給另外一個士兵聽，他告訴他說如果他被殺死，他的身體將會在戰場上腐爛，最後會滲入地下，到了春天，就有一朵漂亮的花會從那個地方長出來。

「那就是我，對不對？」另外一個士兵問。

「不，等一下，然後有一隻牛會來，吃掉那朵花，然後留下很大一堆牛糞，然後我跟我女朋友散步經過原野，我們看到了這堆牛糞，然後我就用枴杖碰它一下說：『哈囉！比爾，為什麼？你一點都沒變！』」

chapter 11

本質沒變

一個人的本質才是最重要的，
你內在是怎麼樣的人，你就會那個樣子。
不管你去過哪裡？做過什麼事？
或者是你吃什麼食物？
那都不重要，重要的是你的本質……

本質沒變

從前一個靠近亞瑪遜河地方的食人族部落，他們會互相殘殺他們的族人來吃。有一個傳教士到那裡去工作，發現部落的酋長竟然說出一口流利的英語，那個傳教士感到很驚訝，他說：「什麼！你的英文講得那麼好，而且還帶著完美的牛津腔，但你還是一個食人族？」

那個人說：「是的，我去過牛津大學，我在那裡讀書，在那裡住了一段時間，是的，我現在還是食人族，但是現在我已經開始使用刀叉，這是我從牛津那裡學來的。」

這故事說的是一個人的「本質」，一個到過牛津留學的食人族，還是食人族，即使他會使用刀叉，那又怎麼樣？

我聽說有一次，有個下等士官向普魯士腓特烈大帝抱怨，說我跟你出生入死，東征西討，別人都升了當將軍，為什麼只有我還在當小兵？

腓特烈大帝指著一匹馬，語重心長的說：「瞧瞧牠！」

這匹馬也跟著我出生入死，東征西討，但牠現在還是一匹馬啊！

去過紐約的豬還是一頭豬，剪掉尾巴的狗還是一隻狗，因為本質上牠們還是沒變的，不是嗎？

一個人的本質才是最重要的，你內在是怎麼樣的人，你就會那個樣子。

不管你去過哪裡？做過什麼事？或者是你吃什麼食物？那都不重要，重要的是你的本質……

畫家吃相同的食物，在他身上食物轉變成畫；作家吃相同的食物，在他身上食物轉變作品；善人吃相同的食物，在他身上食物轉變成良善；惡人吃相同的食物，在他身上食物轉變成罪惡；作奸犯科的人也吃相同的食物，在他身上食物轉變成破壞和毀滅……

那完全視你而定——是你的本質決定了你以及別人對你的評價。

會心一笑

顧客：「老闆你這牛奶裡好像攙過了水。」
老闆：「沒有的事，我們從來不這麼做。」
顧客：「真是這樣？」
老闆：「我們只是在水裡攙牛奶。」

chapter 12

喝酒不會讓人鬧事

每個聲音只是幫你了解你的真相。
如果你的寧靜會被別人打擾，
那只表示你並沒有真正的寧靜。

喝酒不會讓人鬧事

食物只是食物，酒只是酒，錢只是錢……樣樣事物都是中性的，它們只是它們，就這樣而已，至於你因它們而變成怎樣，那是你的問題，跟它們無關。

並不是錢讓人墮落。不，金錢怎麼可能讓人墮落，金錢只是一面鏡子，讓你看到自己的墮落。並不是金錢讓人貪婪，你本來就貪婪，金錢只是讓你顯露出來而已。

並不是喝酒讓人鬧事。不，酒的成分並不會帶來壞事，喝酒甚至還是一件美事，酒只會顯露出真相，它只是把那個隱藏在你內在的部分顯露出來，如果你是快樂的，酒將會幫你把那個快樂帶出來；如果你是暴力的，酒也會把那個暴力帶出來；它只是給你機會，幫你了解你的真相，如果你因喝酒做了什麼錯事，不要怪酒，它只是個放大鏡，讓你知道你實際的樣子。

每樣事物都只是它自己，顏色只是顏色，氣味只是氣味，聲音只是聲音……比方，如果你很安靜的坐在那裡靜坐，結果有人在那裡說話很大聲，你說：「你們吵到我了，害我靜不下來。」你的寧靜是被別人的聲音擾亂的嗎？不，如果你是真的寧靜，就沒有人可以打擾。每個聲音只是幫你了解你的真相。如果你的寧靜會被別人打擾，那只表示你並沒有真正的寧靜。

所謂：「蟬噪林愈靜，鳥鳴山更幽。」當背景有噪音的時候，那個寧靜會變得更靜。就在剛剛，有一部車猛按了幾聲喇叭，如果你是一個受到打擾的人，你當然會覺得那些聲音破壞了你的寧靜；然而，如果你根本沒受到打擾呢？那個聲音將會使你更寧靜，聽到那幾聲喇叭聲之後，那個寧靜將顯得比之前更寧靜，這一切都看你自己。

有一天，劍橋禪修中心的學生問崇山禪師說：「我在坐禪的時候，經常受到吵鬧聲的干擾，我該怎麼辦？」

禪師問他：「地毯是什麼顏色？」

「藍色。」

「它是安靜的，還是吵鬧的？」

「安靜的。」

「是誰使它安靜？」

學生聳聳肩，不作聲。

禪師說：「就是你。吵鬧和安靜是出於你的思維。你認為某樣東西是吵鬧的，它就是吵鬧的；如果你認為它是安靜的，它就是安靜的……它就只是它。」

事物只是一面鏡子，一面放大鏡，顯露你的真相。

會心一笑

電影院裡，兩個年輕人在討論電影的劇情。後座一位觀眾忍不住破口大罵：「沒教養，你們的媽媽一定沒有教你們不得在公共場所喧嘩。」

一陣尷尬沉默後，其中一個年輕人回頂了一句：「你媽媽也是。」

chapter 13

你覺得他們人怎麼樣？

並不是周遭的人創造了你，
而是你創造了他們；
並不是你的環境創造了你，
而是你創造了你的環境。

你覺得他們人怎麼樣？

一則發人深省的故事：

有個老人坐在一個小鎮郊外的路旁。有一個陌生人開車來到這個小鎮，看到了老人，便停車走下來，他詢問老人：「這位老先生，請問這是什麼城鎮？住在這裡的人怎麼樣？我正尋找一個地方住下來。」

這位老人抬頭看了一下陌生人回答說：「你剛離開的那個城鎮，你覺得他們人怎麼樣呢？」

陌生人說：「我剛離開的那個小鎮住的都是很差勁的人，我根本無法跟他們相處，所以打算搬來這裡住。」

老人回答說：「先生，恐怕你要失望了，因為我們鎮裡的人，也跟他們一樣。」

不久之後，又有另一位陌生人向這位老人詢問同樣的問題：「這是什麼城鎮？住在這裡是人怎麼樣？我正打算要搬來這裡住。」

老人又問他同樣的問題：「你剛離開的那個城鎮，你覺得他們人怎麼樣呢？」

這位陌生人回答：「喔！住在那裡的人都非常好，我很喜歡他們。我在那裡度過一段美好的時光，只是我想到處去體驗一下生活，所以想換個地方住看看。」

老人說：「你很幸運，年輕人。住在這裡的人都跟你們那裡的人一樣，他們都非常好，你將會喜歡他們，他們也會喜歡你。」

他說得對，如果你喜歡他們，他們也會喜歡你。

並不是周遭的人創造了你，而是你創造了他們；並不是你的環境創造了你，而是你創造了你的環境。一團糟的生活是由一團糟的人所創造出來的，並不是你周遭的這些人和事把你搞得一團糟，這些人和這些事是因為你一團糟所以他們才會出現，他們是你創造出來的。

周遭的環境和人永遠都支持你，如果你的人很差勁，周遭的環境和周遭的人就會很差勁；如果你的人很好，周遭的環境和周遭的人就會很好；周遭的一切並非決定你喜惡的因素，決定的關鍵是在你，因為每個人都被同樣的環境所圍繞。

問題不在環境，而是在環境中的人。

會心一笑

婦人身體不適去看醫生。

醫生說：「在來之前，有沒有看過別的醫生？」

婦人答：「沒有，不過去找過藥房的藥劑師請教。」

醫生不屑地問道：「他給妳出什麼餿主意？」

婦人答：「他叫我來看你。」

chapter 14

我也是在貧民窟中長大

人以一張白紙來到這個世界，
神並沒有給任何人預先擬定一份「生命腳本」，
沒有什麼叫命運的東西存在，
那是人自己發明的，用意是為了規避責任。

我也是在貧民窟中長大

人以一張白紙來到這個世界，神並沒有給任何人預先擬定一份「生命腳本」，沒有什麼叫命運的東西存在，那是人自己發明的，用意是為了規避責任。

一旦事情出了差錯，人們就可以把所有責任丟出去，說那都是命。很多人甚至認為自己的命運早被寫在星相書上，誰也改變不了，這實在是種謬誤。

有一個人向智慧大師抱怨自己的命運，「我的命真差。」

「是你造成自己的命運。」大師說。

「怎麼說呢？生在這種家庭難道是我造成的嗎？」那人說：「如果我不是現在的父母所生，如果我是生長在另外的家庭，我的命運絕對會不同。」

大師回答：「如果你生在另外的家庭，你將經歷不同的命運，將變成完全不同的另外一個人，在那種情況下，你將不再是『現在的你』。既然你已經不是你，你又怎麼能以『我的命運』來說呢？」

命運不是絕對的，雖然過去會影響現在，但請記住，無論過去是好是壞，過去並不等於現在，更不等於未來。

我聽說有一個罪犯因作奸犯科，而被法官判處了死刑。

罪犯聽到判決後，大聲喊冤，並氣憤地怒吼：「我不服氣，這太不公平了，我從小是個被人遺棄的孤兒，在貧民窟裡長大，老師、同學都瞧不起我，沒有人願意接納我，才逼的我走上絕路！」

法官聽了，要罪犯靜下來，抬起頭來看看他，然後以平穩的口吻說：「我也是在貧民窟中長大的。」

我們不能總怪罪自己命不好，說自己時運不濟，因為不管什麼樣的環境，都有人做得差，也有人做得好；不管怎麼樣的情況下，都有人過得差，也有人過得好。所以，問題並不在命運本身，而是決定在人。是你造就了自己的命運。

會心一笑

法官審問犯人：「你承認四次潛入服裝店？」

「是的。」嫌犯回答。

「你偷了什麼？」

「我運氣不好，什麼也沒偷到。」

「這怎麼可能，你剛剛已經承認曾經四次潛入服裝店！」

「沒錯，」嫌犯嘆氣說：「因為前三次偷的我太太不喜歡。」

chapter 15

問題出在哪裡？

我們總以為問題是出在別人，
所以不斷地向外找，
問題到底是出在哪裡？
事實上，除非你向內找，
否則你是永遠找不到答案的。

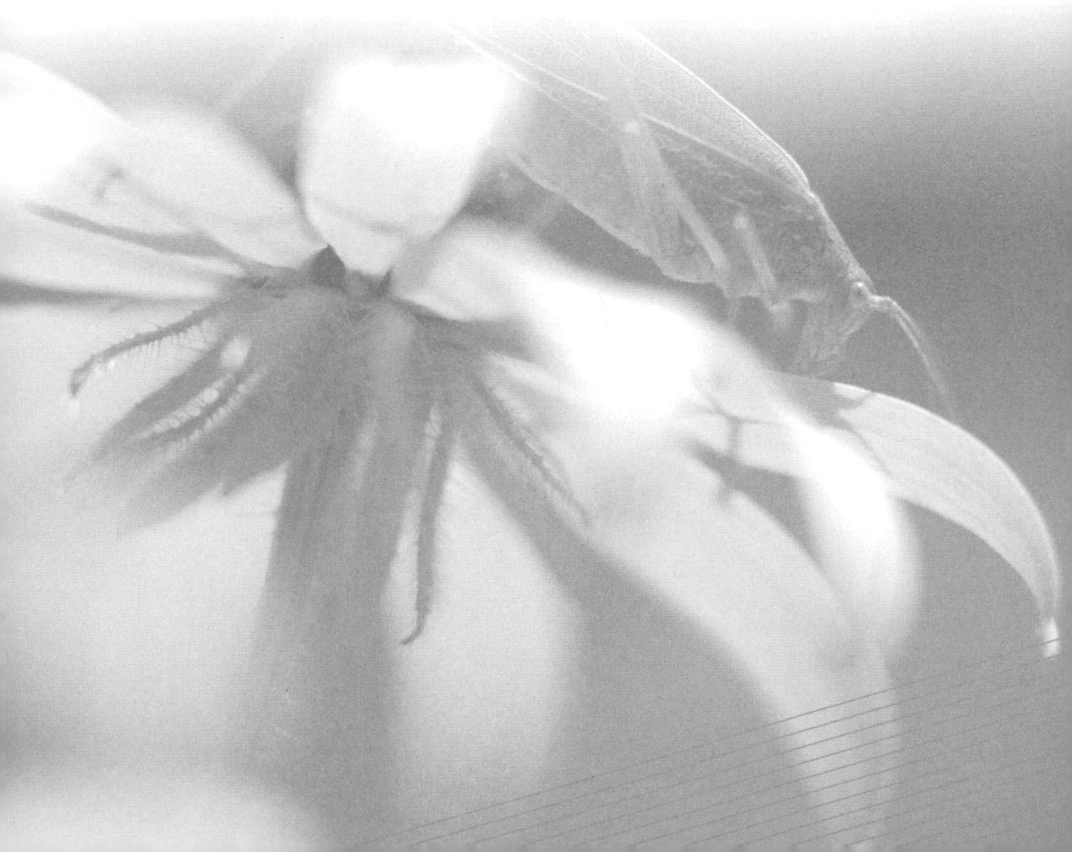

問題出在哪裡？

這故事你或許聽過——

有一天，一隻烏鴉離開牠住了一段時間的森林，向東方飛去。在途中遇到一隻鴿子，牠們在樹梢停下來休息。鴿子關心的問烏鴉道：

「烏鴉大哥，你要飛到哪裡去呢？」

烏鴉憤憤不平地說：「鴿小弟！森林裡的鄰居都嫌我的聲音不好聽，只要我一開口，牠們不是破口大罵便是對我吐口水；有時我高興起來，高歌一曲，他們搗著耳朵，吱吱喳喳地給我難堪，有時甚至飛過來，啄的我渾身是傷。你說，那種鬼地方我還能待得下去嗎？所以我想飛到別的地方去！」

鴿子一聽，立即忠告牠：

「烏鴉大哥，你飛到別處還是有人討厭你。如果你不改變聲音，到什麼地方都不會受歡迎！」

在你的生命中，有那些問題一直困擾你？金錢、健康、情緒、舊情人、煩雜的工作、討厭的上司、不受教的子女、人際關係的問題……。如果你老是遇到同樣的問題，你就得好好問問自己了：「為什麼這些問題老黏著我不放？還是我就是那個問題？」

沒錯，問題很可能就出在你身上。我們總以為問題是出在別人，所以不斷地向外找，問題到底是出在哪裡？事實上，除非你向內找，否則你是永遠找不到答案的。

引自歐康納的話：「他找不到問題的根本在哪裡，因為他的問題根本就是他自己。」就像那隻讓人討厭的烏鴉一樣，如果你發現自己老是碰到一些討厭的人和不好的事，別忘了先反省一下：你是否也是這樣的人？

會心一笑

一位老師正在黑板上寫字，突然聽到學生在笑：

「你們是不是在笑我？」

學生們一本正經的回答：「不，不是！」

老師冷冷地說：「哼！這裡除了我之外，還有誰可笑的呢？」

chapter 16

從別人身上看到自己

如果你很快樂，
夕陽會看起來很美、很快樂；
但當你不快樂，
夕陽會看起來很悲傷、很痛苦，
你會將你的心情投射到事物上。

從別人身上看到自己

你是否曾經觀察過？事物會隨著你的心情而改變。如果你心情很好，碰上的事物幾乎都是令人愉快；而當你心情不好的時候，任何事都能惹惱你，沒有一件事讓你覺得順眼。

如果你很快樂，夕陽會看起來很美、很快樂；但當你不快樂，夕陽會看起來很悲傷、很痛苦，你會將你的心情投射到事物上。

當你看到一個美麗的夕陽，並感到快樂時，你自然會以為這個快樂是生於美麗的夕陽。但那並不是事實，夕陽不過觸動了你的內心，那美麗只是你內心狀態的呈現。

同樣的夕陽，你今天覺得很美，明天也可能很美，但後天很可能就變了，因為你變得不同，如果你變得悲傷，那你看到的夕陽也將是悲傷的，那完全視你而定。就在同一刻、同一個夕陽，也有人被夕陽的美所感動，那是他們擁有不同的心境。

所以真正的問題不在夕陽，而是在你的心。就像同一首歌、同一張唱片，當你以不同的心情去聽時，感受就完全不同，對嗎？你會將你的心情投射上去。

當你在一朵玫瑰裡面看到了美，你是否曾經思考過，那個美是來自哪裡？是來自玫瑰花裡，或者是來自你的心裡？因為有時侯你也經過或看到同樣的玫瑰花，但什麼也沒發生，你並沒有什麼特別的感覺，但今天，你心情很不一樣，你覺得很喜悅，你的心洋溢著美，所以當你看到玫瑰花，你說：「哇！這玫瑰花真美。」其實那玫瑰花只是一面鏡子，你從玫瑰花看到的是自己。

情人就是這樣看世界的。還記得你初戀的感覺嗎？在那個時候，你是不是放眼看去一切都是美的，玫瑰花好美、夕陽好美，優美的音樂、燦爛的星空，眼前的佳人，怎麼看都美……，這美讓你覺得他（她）真是世上最美的人。當然，他還是他，這世界還是同一個世界，外界一點也沒變，變得是你。

別人只是一面鏡子。如果你是美的，鏡子就反應出美；如果你是愛的，鏡子就反應出愛；如果你從別人的身上，看到的是醜惡、是恨，那是因為你內心裡面就是這些東西。

你從別人身上看到的其實是自己。

會心一笑

有一個丈夫問妻子：「為什麼上帝要把女人創造得那麼美？」

妻子回答：「這樣你們男人才會愛上我們。」

丈夫一副不以為然的表情，又問：「那麼，妳說為什麼上帝會把妳創造得那麼愚蠢？」

妻子說：「因為這樣才能配上你啊！」

chapter 17

一面鏡子

人際關係就像一面鏡子，
讓我們看到別人，
同時也照出自己。

一面鏡子

人際關係就像一面鏡子，讓我們看到別人，同時也照出自己。你最喜歡的人，實際上是反映你希望自己擁有的特質；而你最討厭的人，也就是你最討厭自己的那部分。

比方，如果你欣賞某人，是因為他很善良，那他所反映的就是你內在的善良；反之，如果你很討厭某個人，是因為他很偽善，那就表示你在某部分其實也是偽善的。

別人身上的負面特質會激怒我們，往往反映我們也有相同的特質；別人最讓我們討厭的地方，往往也是我們最受不了自己的地方。如果你的父母或伴侶經常責備你懶散或糊塗，你也會挑剔別人懶散或糊塗。通常我們批評別人的地方，也正是我們最無法接受自己的部分。

別人只是一面鏡子，反照出你的模樣。如果你在工作、在生活、在與人相處總是受到批評責難，那很可能是因為你本身也是個喜歡挑剔的人，你平常可能也喜歡吹毛求疵，挑人毛病；當你批評某人易怒、無理取鬧，很可能也是由於你自己生氣時會變得不講道理。總之，別人在你面前所呈現的，是一面映照你本來面目的鏡子。

你與每個人的關係，都反應出你與自己的關係。透過別人，你才會了解到你的憤怒、你的嫉妒、你的貪慾、你的愛恨、以及其他你需要學習的種種……

所以，當你痛恨一個人時，你應該問問自己：「這個人使我想起自己哪些討厭的地方？」

當你愛一個人時，也問問自己：「這個人使我想起自己哪些可愛的地方？」

大家都認識自己的臉，因為我們經常照鏡子，但卻很少人認識真正的自己，因為我們總是看著別人，卻不知道看自己。

別人是一面鏡子，你很討厭的那個人，是一面鏡子；那個惹你生氣的人，是一面鏡子……你所有的人際關係都是一面鏡子，透過他們，你才能認識真正的自己。

會心一笑

某人養了隻只會說「當然」的鸚鵡，於是他決定把牠賣掉。

「你的鸚鵡賣多少錢？」買主問。

「三千塊。」賣主答。

「怎麼這麼貴？」

「我的鸚鵡很聰明！」

「鸚鵡，你很聰明嗎？」買主問。

「當然。」

買主於是買下了鸚鵡。等他發現這隻鸚鵡只會說「當然」後，他很生氣地說：「只有笨蛋才會花三千塊錢，買這樣的鸚鵡！」

「當然！」鸚鵡回答。

chapter 18

把自己鬥死了

你在對別人「狂吠」時，你有想過嗎？
你罵的其實是你自己。
只有傻子或瘋子才會對著照出他容貌的鏡子生氣。

把自己鬥死了

不管你跟誰在一起，你的先生、你的太太、你的朋友、你的同學、你的情人或你的敵人，把他們當做一面鏡子。你可以在他們身上看到你自己，如果你看到的是一個醜惡的人，不要去批評，不要去責罵，那個醜是在你裡面，你應該感謝這鏡子，要感謝他們讓你看到自己。

事實上，那些令你厭惡的人是在幫助你，他幫助你了解自己，讓你看到你內在隱藏的部分，讓你發覺你的陰暗面。這也就是為什麼當我們跟一個人越親密，就越容易產生厭惡，因為他讓你看到自己的真面目。

你不會對一個陌生人生氣，你會對配偶生氣，對父母生氣，對兒女生氣，為什麼你對越親近的人就越生氣？因為，你厭惡的人其實是你自己，而當你與人越親近，就越難隱藏自己，所以你會生氣，你對他們生氣，你會把氣出在你親近的人身上，那是因為他們已經是你的一部分——你氣的其實是自己。

每次你生氣的時候，你以為你是在氣對方，是在罵對方嗎？不，我說過，對方只是一面鏡子，你生氣、你對抗的，其實是一面照出你「德性」的鏡子。曾讀過一則童話故事，很發人深省：

從前，有一個國王蓋了一座很大的皇宮，裡面安裝了無數面的鏡子，所有的的牆壁都裝上鏡子。有一隻狗走進了那個皇宮，牠看到有無數隻狗圍繞在牠的周圍，為了保護自己，對抗其他狗的威脅，所以這隻狗就便開始吠，不停的狂吠。

當牠狂吠的時候，鏡子裡的每隻狗也對著牠狂吠。這隻狗簡直嚇壞了，牠不知所措，慌張地繞著屋子跑，一直跑……到了早上，那隻狗被發現時已經死了，那裡只有鏡子，沒有人跟牠戰鬥，但牠卻把自己鬥死了，你能相信我們之中有許多人也是這樣嗎？

有些人不管到哪裡，都能發現敵人，似乎總有無數的敵人在對他狂吠，即使是最親近的人也是跟他敵對，然後他也對著他們狂吠，這跟那隻對著鏡子狂吠的狗有什麼差別，因為牠也相信是別隻狗在對牠叫，牠哪知道那個牠狂吠的，那個牠認為的敵人——其實是牠自己。

你在對別人「狂吠」時，你有想過嗎？你罵的其實是你自己。

只有傻子或瘋子才會對著照出他容貌的鏡子生氣。

會心一笑

丈夫：「聽妳講話就像是一個白痴。」

太太：「你難道不曉得只有這樣，你才會懂？」

chapter 19

這麼醜的女人他也要

對不起，先生，
這只是一面鏡子，
你在裡面看到的是你自己。

這麼醜的女人他也要

在很久以前，大約在剛發明鏡子的年代，有這麼一則故事：

有個叫阿土的人，他撿到了一面鏡子。他照了照，然後不可思議的說：「我的天啊！這看起來像我老爸，沒想到他現在比以前年輕。」他無法理解那是他自己的反映，他從未見過鏡子，這是第一次。

所以，他唯一可以推斷的是，那就是他的父親，因為他父親已經死了，只是他沒想到父親死後會變得那麼年輕。

他非常高興的把鏡子收好帶回家去，並決定隱藏著這個秘密。然而，就在他進門的時後，卻碰上了他太太，太太就問他：「你鬼鬼祟祟的，是不是做了什麼壞事？」

他說：「沒有啊！哪有？」

她說：「最好是沒有，別讓我逮到了！」

阿土上樓去，把鏡子放在一個箱子裡，然後就出去工作。就在他離開不久，他的妻子衝到樓上，翻箱倒櫃，很快的就找到了這面鏡子。她照了照之後，她氣憤的說：「這個死阿土，竟然跟一個老女人談戀愛，這麼醜的女人他也要。等他回來，我看他要怎麼說。」

這故事讓我想起一則赫魯雪夫的軼事，情形大致是這樣：蘇俄的獨裁者赫魯雪夫有一次受邀到巴黎，去欣賞一個現代畫展，他是一個欠缺藝術素養的人，但由於對方盛情邀約，因而他就去了。

畫展裡有很多名畫，他看了一幅畫，然後說：「我真搞不懂，這幅畫看起來很醜，這也算名畫嗎？」

那個帶他參觀的人是偉大的藝術評論家，他說：「這一幅是畢卡索的畫，它是本世紀最美的畫作之一，但是它需要了解，它並不是那麼平凡，你必須提升你美感的水準和敏銳度，唯有如此，你才能夠了解它是什麼。」

他們繼續走，赫魯雪夫心裡覺得不大舒服，他從來沒有想過，竟然有人敢對說他美感不夠，說他缺乏了解。

然後在下一幅畫面前，他站了幾分鐘，非常專注的看了看，然後說：「我認為這一幅畫一定也是畢卡索畫的。」

那個評論家說：「對不起，先生，這只是一面鏡子，你在裡面看到的是你自己。」

赫魯雪夫的長相肯定是扭曲變形，像畢卡索的畫一樣，套句他的評論，就是很醜。是的，如果一隻猴子去照鏡子，他不會發現裡面有一個人，他只會發現有一隻猴子在瞪著他。

會心一笑

有兩黑人和一個白人住在一起，他們都在失業當中。有一天晚上那個白人回來後，宣布他找到工作了，他說：「老兄，明天六點叫我起床，因為明天一大早就得上工。」

當他去睡覺時，兩個黑人嫉妒地說：「因為他是白人，才可以順利找到工作，我們卻不行……」所以，當那個白人睡著時，他們用鞋油塗滿他整個臉……

隔天一早，當那個白人抵達工作地點時，工頭說：「你是誰？」

他回答：「你昨天僱用我，你叫我早上來這裡的啊！」

「我僱用的是一個白人，你是黑人。」

「我不是！」

「是，你自己去照照鏡子。」

這白人衝到鏡子前看到自己後大叫：「我的天啊！他們叫錯人了！」

chapter 20

你這個色鬼！

外在世界只是你內在世界的投射。
如果你想知道你的內心世界如何，
那就問你如何看待你外在的世界。

你這個色鬼！

你是怎麼樣的人，你就會認為別人怎麼樣。

如果你很吝嗇，你也會認為別人都很小氣；如果你心術不正，你會認為其他人也心術不正；如果你經常說謊，你也會懷疑別人說的話；如果你是一個扒手，你會一直檢查你的錢包，你會懷疑別人靠近你是為了什麼；如果你是一個色鬼，沒錯，你就會認為別人也很色；你會把別人的任何舉動都往那邊想……

我聽說，有一個男人想做心理分析，當他到心理分析師那邊時，心理分析師為了測知他是屬於那一類型的人，於是問了他幾個問題。首先他畫了一條直線問那個男人：「這線讓你聯想到什麼？」

那男人說：「當然是一位漂亮、美麗的女人！」——一條直線耶！心理分析師感到有點困惑。

然後他畫了一個圓圈，他再問：「這讓你聯想到什麼？」

那男人說：「當然是一位性感、裸體的女人。」

接著他又畫一個三角形，那男人閉上眼睛說：「不要！不要！請別再畫下去了！」

心理分析師說：「它又令你聯想到什麼了呢？」

男人說：「這個女人在做非常齷齪的事。」

因此那個心理分析師說：「你似乎滿腦子都是性。」

那男人說：「你說什麼？我嗎？是我滿腦都是性，還是你自己？是誰在這紙上畫那些齷齪的圖像？是你還是我？你這個色鬼！」

如果你是具有性慾的，那麼任何事都能讓你聯想到性；如果你是個負向的人，那麼任何人都能讓你聯想到負面的事；如果你是錯誤的，那麼不管別人做了什麼你都能發現錯誤，你會在你的周圍創造出一個錯誤的世界。

你是怎麼樣，你就會認為別人怎麼樣。反過來說，你認為別人怎麼樣，你可能也是這樣。就像《聖經》所說的：「由所結的果子便可以認出他們來。」從果子就知道你種的是什麼樹。

外在世界只是你內在世界的投射。如果你想知道你的內心世界如何，那就問你如何看待你外在的世界；如果你想知道你自己如何，那就問你認為別人如何，你便會找到答案。

會心一笑

有個大老闆與一個女演員交往甚密，想娶她為妻，但又不知道她過去的品德如何，於是出錢請私家偵探去調查。

去的人沒幾天回來說：「大家都說，她以往品德很好，就是最近不大好，和一個品德不良的老闆混在一起。」

chapter 21

你罵的是你自己

你用來罵別人的話，其實是你自己的寫照；
心就像一面鏡子，
心中有佛，你看到的都是佛，
心中有垃圾，看到的都是垃圾。

你罵的是你自己

這是大家所熟知的故事：

蘇東坡與佛印和尚，有一天面對面打坐，蘇東坡問佛印：「你看我坐的樣子像什麼？」

佛印回答說：「我看你寶相莊嚴，好像一尊佛。」

佛印反問蘇東坡：「那我看起來像什麼？」

「我看你像一堆牛糞！」蘇東坡回答後，得意非凡。

佛印微笑合十：「阿彌陀佛！」

蘇東坡自以為占了上風，回家對妹妹炫耀：「每次都被佛印占便宜，今天總算扳回一城。」蘇小妹問明原委，嘆氣道：「老哥，你今天又大輸特輸，因為佛印心中有佛，所以他看你像一尊佛。你心中只有牛糞，所以才會把他看成一堆牛糞。」

你用來罵別人的話，其實是你自己的寫照，在前面我已經說過了，心就像一面鏡子，心中有佛，你看到的都是佛，心中有垃圾，看到的都是垃圾。

你回應的內容是來自你的「內容物」，用力擠壓水果，會得到什麼？會得到果汁，對嗎？因為那是它的內容物，由誰來擠壓並沒有差別；而如果有人用力擠壓你、打擊你，你會怎麼樣？

你會不理他、接受他、感激他……感謝他的指教、感謝他的關心？

還是數落他、還擊他、辱罵他……說他是牛糞、是豬頭、是垃圾？

123　你罵的是你自己

你是怎麼回應的，將顯露出你是什麼樣的人。

所謂「輸入的是垃圾，輸出的也必然是垃圾。」人的言行舉止都是內心的想法所造成，外在表現只是內心的投射。如果你內在裝的都是垃圾，那麼倒出來的必然也是垃圾。

更明白的說，你對別人所說的，其實是說在你自己；如果你對別人破口大罵，你罵的其實是你自己。

會心一笑

有位高傲的女人，在一家非常有格調的餐廳用餐，她一會兒抱怨這樣不對、一會兒抱怨那樣不好，侍者耐著性子直賠不是。

但這女人的氣焰反而越發囂張，隨即指著一道菜對侍者說：「你說，這叫做菜？我看連豬都不會吃。」

侍者終於按捺不住，對這女人說：「小姐，真是這樣嗎？那麼我去替妳弄點豬吃的來。」

chapter 22

我是唯一沒有說話的人

給別人挖洞，不小心，
自己也會掉進洞裡；
一個壓低別人的人，
自己也絕對站不到高處。

我是唯一沒有說話的人

當我們用一根手指指著別人時，永遠要記住，還有三根指頭是指向自己。

讓我們看下面幾則夫妻的對話：

林太太產後身材日漸發福。

林先生見了不由得取笑一番。

「太太！妳可是越來越『突出』了啊！」

林太太也不甘示弱：「這麼突出的女人，也只有像你這麼『中厚』的男人才配得上啊！」

深夜裡突然地震，房子搖晃起來。丈夫推醒妻子，說：「別慌，穿上衣服，抓幾件寶貴的東西，穩穩的走下樓去。」

到了樓下之後，丈夫得意地說：「碰到危險千萬不能驚慌，女人在這時候就沒有男人強。」

妻子看看他，小聲說：「你沒穿褲子。」

先生說：「妳們女人真奇怪！看電影也哭、看小說也哭，那些人妳們一個也不認識，值得這樣濫情嗎？」

太太說：「你們男人才奇怪！不管看什麼球賽都大吼大叫，甚至大打出手，那些人難道你們就認識了？值得這麼瘋狂嗎？」

給別人挖洞，不小心，自己也會掉進洞裡；一個壓低別人的人，自己也絕對站不到高處。有一則廣為流傳的故事：

話說有四個修士，約好一起閉關一個星期，在這段時間裡，大家都不准講話。

剛開始一切都很好，然而過了幾個小時之後，有一名修士忽然說：「不知道在我們閉關前，修院的大門鎖好了沒有？」

另一個修士說：「你這個豬頭，不是說好不說話的嗎？你為什麼先開口了？」

第三個說：「老兄，你以為你自己在做什麼？你不也是在講話嗎？」

第四個修士得意的說：「哈哈！我是唯一沒有說話的人。」

讓我再提醒一次，當你用一根手指指著別人時，別忘了，還有三根指頭是指向你。

會心一笑

有位老師責罵學生說：「你要知道，孫中山先生在你這麼大的時候，是全校最好的學生呢！」

學生回答說：「是的，老師，可是國父在您這麼大時，已經當了國父呢！」

chapter 23

就看你了

如果你是正向的，
你就會以正面的角度看事情；
反之，如果你是負向的，
那你所看到的世界必然是負面的。

就看你了

這世界是中立的，發生在你身上的事，沒有一樣是絕對正面或負面、好的或壞的、對的或不對的，你之所以認為事情是對的、好的，那是你的詮釋；同樣的，當你說某件事是不對的、不好的，那也是你的詮釋。

如果你是正向的，你就會以正面的角度看事情；反之，如果你是負向的，那你所看到的世界必然是負面的。

你可以回想一下，當你心情好的時候，是不是任何事都覺得賞心悅目？

即使那時發生一些狀況，你可能也不會在意。然而，如果同樣狀況發生在你心情不好的時候，那結果就完全不是那麼回事了。我想起一則故事：

相傳，衛國國王很寵愛彌子瑕。

衛國有這樣一條法律：如果有人擅自使用國王的車子，將被處以斬足之刑。

有天晚上，彌子瑕的母親生了急病，彌子瑕一得到消息，就冒充得到國王的命令，駕著國王的車子趕回家去。

這事被國王知道了，國王不但沒有懲罰他，反而稱讚他說：「彌子瑕真是個孝子，因擔心母親的病，竟然忘了自己會受罰！」

幾天後，彌子瑕陪國王在果園裡散步。那時正是桃子成熟的季節，彌子瑕摘了一個肥大的桃子來吃，那桃子很甜，他只咬了一口，就把它獻給國王。

國王說：「你對我太好了，吃到好吃的東西，自己也捨不得吃！」

後來，彌子瑕失寵了。國王完全變了一副嘴臉：「彌子瑕這傢伙膽子好大，竟敢偷乘我的車子；還有一次，把自己吃過的桃子給吃，真是太胡作非為了！」

其實，這兩件事皆是曾被國王讚美過的，現在卻成了責怪的理由。為什麼？

沒錯，是國王變了。事情還是同一件事，但是詮釋事情的人變了。

所以我說，這世界是中立的，是好、是壞，就看你了。難道不是嗎？

會心一笑

有一個人去到他的心理治療師那裡說：「我有了麻煩。」

心理師問：「怎麼回事呢？」

那個人說：「就在一年前，當我結婚的時候，我太太總是會幫我拿拖鞋，而我的狗會汪汪叫，現在情形剛好相反：我的狗幫我拿鞋子，而我的太太在汪汪叫！」

心理師說：「我不了解，依我看來，你所得到的服務是一樣的，這有什麼問題呢？問題出在哪裡？」

chapter 24

變的人是你

你曾想過嗎？

同一個人怎麼可能一會兒是美的，
一會兒又是醜的？

同一件事怎麼可能之前是對的，
現在卻是錯的？問題到底出在哪裡？

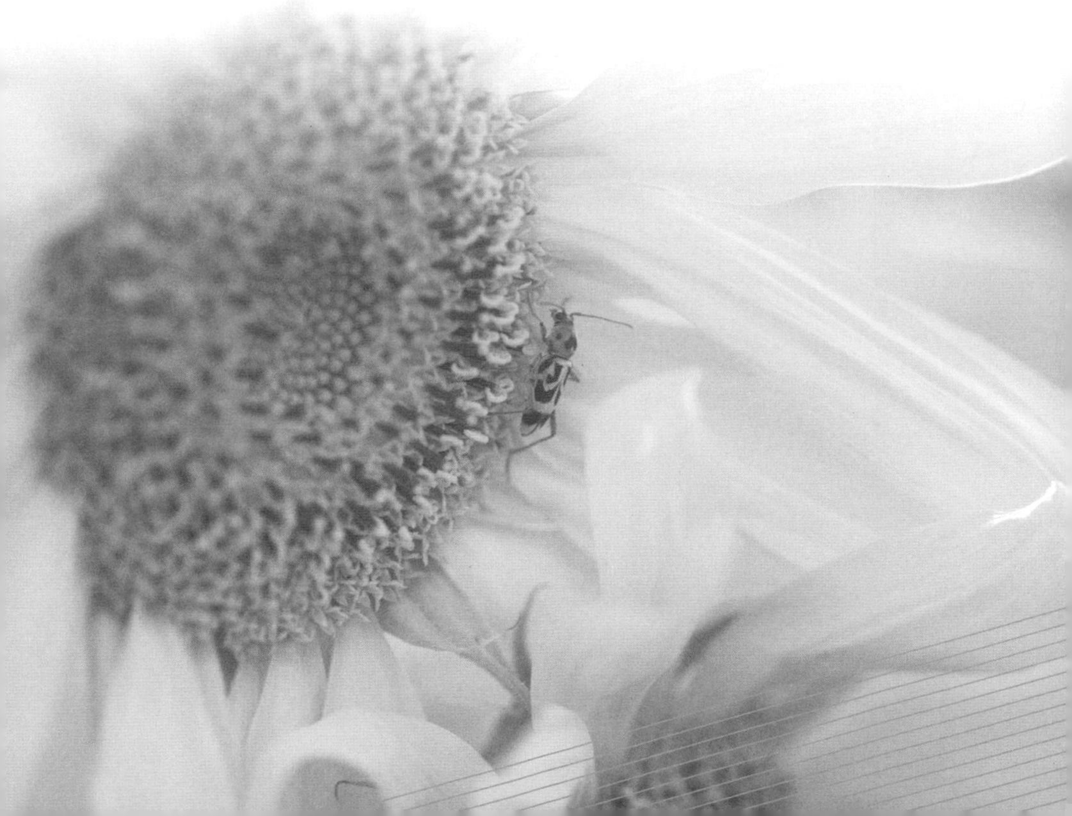

變的人是你

當你喜歡某個人，你就會覺得他做的每件事似乎都是對的，如果你不喜歡他，同樣的那些事，你就會覺得不對勁。

當你喜歡某個人，你就會覺得那個人很美，你越喜歡就覺得越美；但當你開始討厭他，同樣的那個人就開始變醜，你越討厭就覺得他越醜。

你曾想過嗎？同一個人怎麼可能一會兒是美的，一會兒又是醜的？同一件事怎麼可能之前是對的，現在卻是錯的？問題到底出在哪裡？

問題就出你，美醜是存在觀看者的眼中，愛恨與對錯也是一樣，都存在自己的心中。

你習慣以你自己的角度來看事情。當你愛的時候，你會用愛的鏡頭看；當你恨的時候，你會用恨的鏡頭看；當你不高興的時候，你就會用負面的鏡頭看周遭的人和事。

你總是指著別人，認為問題出在別人，當你生氣的時候，你老是把焦點指向那個引發你生氣的人身上；當你恨的時候，甚至連一分鐘都不需要，你可以馬上恨透那個人，就算是你原本愛得要命的人，但只要他惹毛了你，你可以立刻恨之入骨，愛怎麼會突然不見了呢？

因為你變了。回想起第一次你看到你的愛人，你當時是多麼的被吸引，多麼的興奮，多麼的高興！那時你對他（她）說，你在我心目中是最美、最好的，而現在你跟同一個人在一起。為什麼跟你在一起之後，美好怎麼會突然不見了？為什麼你的愛人越變越糟？沒錯，是因為你變了。

我聽說有一個人八十歲的時候跟太太到巴黎去旅遊，他們四處閒逛了一會，那個老先生說：「巴黎已經變了，我在五十年前年輕的時候來，那才是真正的巴黎。」

他太太笑著對他說：「我的看法跟你不同，我認為巴黎還是一樣，只是你已經不再是你了。你不會看看那些年輕人，他們正在享受，就跟你年輕的時候一樣，不是嗎？」

只要注意去看，你就會發現——當每一次你看別人的時候，他們顯得不一樣，那是因為你不一樣。

你覺得他變了，他已經不是過去的他？是的，人都是會變的，但你有沒有想過，其實你也變了，你也不是過去的你。

會心一笑

小李自結婚後，就不曾帶妻子去外頭的餐廳吃飯或喝咖啡。

有一天，小李的太太向他大發牢騷：「你這個人可真沒情調，結了婚就全變了樣，看什麼時候我們再去咖啡店坐坐好嗎？」

小李爽快地答應：「沒問題，我舉雙手贊成。」接著，他問太太：「可是，我們在咖啡店要聊什麼呢？」

chapter 25

誰該負責？

如果你必須仰賴一個你無法掌握的人，
那你的心情必然會跟著他起伏不定，
你將很難快樂，那是一定的。

誰該負責？

經過一天辛苦的工作，小劉覺得筋疲力竭。當他回到家裡時，電話鈴聲響起，是女友約他一起用餐。高興的掛上電話後，小劉剎那間忘了一天的疲憊，與奮愉快的前往赴約。

然而，就在他到達約定的地點，女友突然打電話給他，說是臨時有事無法赴約……聽完之後，他心情頓時掉到谷底，回到家整個人都陷入抑鬱沮喪……

這是怎麼回事？是什麼原因使一個人從疲憊轉變成神采飛揚？然後又從神采飛揚轉變成抑鬱沮喪？

多數人一定會認為「原因」就出在他的女友，因為她爽約、因為她說話不算話……所以，他才會變得不快樂，對嗎？表面上看來，他的不快樂的確是來自他的女友。那他的快樂呢？沒錯，他的快樂也是來自他的女友，而也正因為這樣，所以他註定是很難快樂的。

道理很簡單，如果你的痛苦是源於他人，那麼喜樂也必然源於他人，那你的心情必然很不穩定，因為那個「原因」不是你能完全掌握的，你無法掌握別人，不是嗎？如果你必須仰賴一個你無法掌握的人，那你的心情必然會跟著他起伏不定，你將很難快樂，那是一定的。

你的周遭有成千上萬的人，如果你的喜怒哀樂是來自於別人，那麼你的命運將會非常悲慘。因為你不可能讓每個人都符合你的期望，而別人也很難都讓你滿意，對嗎？

事實上，沒有任何人能讓誰不快樂，也沒有任何人能讓誰快樂。除非你同意，否則誰能讓你痛苦沮喪？別人也許爽約、也許說話不算話……，但沒有人能讓你不快樂，除非你自己願意讓別人影響你。

別人不是問題，你才是問題。這是大家必須了解的。不管你覺得好，或覺得不好，這些感受都來自於自己。別人也許可以打你、罵你，甚至殺了你，但沒有人能讓你待在痛苦的桎梏中。

你的快樂和痛苦是來自你自己的腦子，是你自己的想法，而不是來自別人的言語或行為。如果你覺得痛苦沮喪，那是因為你自己的緣故，如果你覺得喜樂，那也是因為你自己的緣故。

記住，除了你以外，沒有人該為你的心情負責。

會心一笑

有個先生在睡夢中突然被驚醒，張眼一看，原來老婆正氣呼呼對他叫罵著：「你真的好過分，昨晚我夢到你和一個女人眉來眼去，你還牽著人家的手。」

先生一臉錯愕，白了太太一眼：「神經，那只不過是個夢嘛！」

「什麼只是個夢！」太太更加氣憤：「你在我的夢裡都敢這樣了，在你的夢裡那還得了！」

chapter 26

說得好！

也許別人與你不同，不合你的胃口，
不討你歡心，但那是「他的」問題，
因為他要怎麼說、怎麼做，
那是「他的」修養。

說得好！

生氣的人總認為是別人的錯——因為別人對你不好、別人不應該這樣、不應該那樣，因此有十足的理由逼得你不得不生氣。

然而問題是，你有權利要求別人要怎麼樣嗎？如果別人就跟你一樣，總是要求你要順著他的意，你會覺得如何？是啊！假如你知道每個人都有選擇做自己的權利，你的氣又從何而生呢？

事實上，「氣」是由每個人心裡產生的，不要把責任推給別人。也許別人與你不同，不合你的胃口，不討你歡心，但那是「他的」問題，因為他要怎麼說、怎麼做，那是「他的」修養。除非你是個奴隸，讓別人牽著鼻子走，否則他能拿你怎麼樣？

這是我經常提到的故事：

有一個人每天都固定向某報攤買一份報紙，儘管這個攤販的臉一向都很臭，但他還是每次都對小販客氣地說聲謝謝。

有一次和他同行的朋友看到這種情形，便問他：「他每天賣東西都是這種態度嗎？」

「是的。」

「那你為什麼還對他如此客氣？」

那人回答：「我為什麼要讓他決定我的行為？」

他說得對，我們為什麼要讓別人來決定自己的行為？

所以，別再這樣，別再說是誰惹火了你，你的想法和情緒難道不是由你自己作主？難道不是由你自己控制的嗎？

我聽說有一名學生家長猛烈地羞辱一間學校的校長，這位校長連眉頭都沒皺一下。

許多老師私下向他討教，這種功夫有什麼秘訣嗎？

校長回答說：「如果有人寄封信給你，而你不打開，你還會受內容影響嗎？」

說得好！

會心一笑

英國首相邱吉爾有一回在公開場合演講，由台下遞上來一張紙條，上面只寫著兩個字：「笨蛋。」邱吉爾知道台下有反對他的人等著看他出糗，便神色輕鬆的對大家說：「剛才我收到一封信，可惜寫信的人只有署名，忘了寫內容。」邱吉爾不但沒有被不快的情緒影響，反而用幽默將了對方一軍，實在是高招。

chapter 27

我選擇不快樂

我們的感覺都是來自我們自己的想法，
但由於我們對自己的想法太過熟悉，
以致沒有意識到，
那些不好的心情、那些不快樂都是我們「自找的」。

我選擇不快樂

當你心情不好時，很容易為自己何以會有這種感覺提出一套說法，以下簡單列一張清單，你聽聽看是不是很熟悉呢？

*「都是他這樣，所以我心情才會不好。」

*「我就是不喜歡那樣。」

*「他故意要惹我生氣。」

*「他讓我覺得很不舒服。」

＊「他傷了我的心。」

這張清單可能繼續列幾頁都列不完，其中每句話隱含的訊息都是別人必須為你的感覺負責。事實上，我們的感覺都是來自我們自己的想法，但由於我們對自己的想法太過熟悉，以致沒有意識到，那些不好的心情、那些不快樂都是我們「自找的」。

我們會直接認定，「我會生氣是『因為』他對不起我。」「我不高興是『因為』昨天被老板罵，是『因為』早上跟老公吵架。」等等。

沒錯，你感到憤怒、受傷、氣得要命，這些感覺都是千真萬確。但那個讓你有這種感覺的，並不是別人，而是你自己，這點必須先了解。造成你心情感受的，並不是事件本身而是你對事件的想法。

想想，一個被老闆責備、跟人爭吵的人，身上又不會少一塊肉，那些痛苦和傷害又從何而來呢？是自己的想法，對嗎？

對，是你自己的想法。你有沒有想過，那個人和那件事，都已經成了「過去」，你之所以還為此悶悶不樂，真正的原因是你「不斷的想著」他們，不是嗎?是你在跟你的過去「過不去」。

一旦你了解到說，你的感覺是來自你的想法，而你的想法又影響你的心情，你就能脫離這種惡性循環，你可以改口說：「我覺得不快樂」，更正確的說法是：「我選擇不快樂」，是的，每種感覺和想法都是你自己的選擇，我們的遭遇不會讓我們的心情不好，我們的想法才會。

因此以後千萬別再說「你害我不快樂」了，那不快樂其實是你自找的。

會心一笑

妻子問：「你覺得這世界上，哪一個人最完美？」
丈夫回答：「當然是妳。」
妻子樂在心裡，問道：「怎麼說呢？」
丈夫說：「因為其他的人都被妳批評得一無是處啊！」

chapter 28

因爲你有一個傷口

你痛苦，不是因為別人的錯誤，
他們或許做了某些事，
但那是他們的事，除非你身上有傷口，
否則不論他們撒鹽、撒水，甚至隨便的觸碰，
你都不會有任何影響。

因爲你有一個傷口

每當你覺得受到傷害，要記住，那是因為你有一個傷口。就因為你有一個，甚至很多的傷口，所以只要別人不經意的觸碰，你就敏感的又叫又跳。

你生氣，不是因為你的老婆、先生或孩子多麼惡劣，他們或許有不對的地方，但你會勃然大怒，那是因為你自己身上布滿著傷，他們的錯只是因為觸碰了你的傷口，如此而已。如果不是他們，你照樣會生氣，只是換成其他的對象，你可能對同事、對朋友……對絆倒你的桌腳生氣。

你痛苦，不是因為別人的錯誤，他們或許做了某些事，但那是他們的事，除非你身上有傷口，否則不論他們撒鹽、撒水，甚至隨便的觸碰，你都不會有任何影響。

你跟人相處，如果你太過敏感，你將會受苦。別人也許只是不經意一句話、一個眼神，你就認為他是針對你；別人在笑，你就認為他是在嘲笑你，如果你太過神經質，你將有受不完的苦。只要別人不經意的觸碰，你就受傷，那都是因為你自己，是你身上帶著傷痛，其他沒有人會為它受苦，因為他們並沒有那個傷口。

你覺得受傷，並不是因為那個人或那件事；你覺得痛苦，也不是那些觸碰和磨擦，是因為你有個傷口。

拉丁有句諺語：「別人撒鹽傷不了你，除非你身上有潰爛之處。」是的，問題並不在別人身上，而是在你的身上，別人無法為你的傷口負責，即使你覺得受傷、痛苦，該負責的仍是你自己。你應該儘快地去修復已經潰爛發炎的傷口，而不是急著去修理別人。

想想，如果傷口發炎的是你，卻要別人去治療去吃消炎藥，你的傷口會好嗎？

會心一笑

某天，有個人到診所求診。

醫生問他：「你哪裡不舒服？」

那個人以食指指著身體說：「我碰這兒痛，碰那兒也痛，只要指頭指到的地方都痛，我到底得了什麼怪病？」

醫生回答：「我想你是食指骨折……」

chapter 29

你要去感謝敵人

你要愛你的敵人，
是的，你必須感謝他們，
因為如果沒有他們，
你就沒有人可罵了，
一切只能怪自己。

你要去感謝敵人

你要愛你的敵人，是的，你必須感謝他們，因為如果沒有他們，你就沒有人可罵了，一切只能怪自己。

我認識一位朋友，他剛好姓賴，我們就「尊稱」他為「老賴」吧！因為他的確非常賴皮，老愛把錯誤「賴」在別人身上。在他看來，大概全世界都聯合起來跟他作對。這天，他又開始上演「都是你的錯」的戲碼，一坐定後，他就大苦水，說他多麼厭煩目前的種種，說他的老婆、說他的同事和上司種種的不是……他不滿地訴說著。

「你也不能全賴給別人！」我不得不打斷他的話：「如果你一點都沒有錯，那就怪了？為什麼所有人都要找你麻煩？」

「天曉得我怎麼那麼倒楣？」老賴不平地說：「連你這個朋友都幫他們說話，不怪他們難道要感謝他們不成？」

「對，」我告訴他：「你要去感謝他們，因為如果沒有他們，你就沒有人可以賴了，你就只能怪自己。」

別人就是你問題的原因，這的確是個好藉口，這樣你就可以心安理得：「錯不在我，是另一個人……是我的老闆、是我的先生、是我的老婆……有這樣的老婆我能怎麼樣，管東管西又愛嘮叨？這就是我不喜歡在家的原因，這就是我經常出去喝酒的原因，這就是我會外遇的原因……。」聰明！只要找到代罪羔羊，這麼一賴，你就脫身了。

怪不得有些人在選對象、在找工作、在交朋友時，老是一再找到那些有問題的，即使你已經提醒再三，他們還是執迷不悟，為什麼？因為這樣一來，當哪一天遇到什麼麻煩或問題時，就可以把錯誤推給他們，這是可能的。

所以我才說，你實在不該這樣怪別人，你應該感激他們，你應該向他們道謝。是的，如果沒有他們，你就沒有人可「賴」啦，一切只能怪你自己。

會心一笑

朋友問阿強說：「你看起來怎麼那麼悲傷？」

他說：「我太太堅持說我必須停止賭博、抽煙、喝酒和打牌，我已經將那些事都戒掉了。」

朋友說：「現在你太太一定覺得非常高興。」

阿強說：「哪有，現在她變得更不快樂。」

朋友說：「怎麼回事？」

阿強說：「因為現在她找不到任何可以抱怨的事。」

chapter 30

誰說的都有道理啦！

對錯本來只是個人的認知不同，
什麼是對、什麼是錯，根本沒有絕對的標準。
同一件事、同一個問題，
只因每個人立場不同、角度不同、見解不同，
所得的結果也就不同。

誰說的都有道理啦！

我們都習慣以自我為中心，跟自己看法和做法相同的人，你就認為是對的，只要你不同意，任何你不贊同的人，就被你認定是錯的，如此一來，別人當然很難跟你合得來。因為別人不可能一直都合你的意，對嗎？

對錯本來只是個人的認知不同，什麼是對、什麼是錯，根本沒有絕對的標準。同一件事、同一個問題，只因每個人立場不同、角度不同、見解不同，所得的結果也就不同。

但長久以來，人們卻一直在做這件蠢事，他們以自己的認知、自己的經驗和價值判斷來判定什麼是對、什麼是錯，這真是太自以為是了，你怎麼能用自己的標準來判定是非呢？

事實上，你的作法正是一切是非的根源。

你曾想過嗎？你為什麼會跟別人爭吵？是不是你認為你是對的，而別人是錯的，否則你又怎麼會火冒三丈？若不是你那麼堅持自己是對的，你又怎麼會跟別人吵起來？

你認為他是錯的，這就是你每次生氣的原因；而他會氣呼呼的，那是因為他也認為你才是錯的，情形就是這樣，對嗎？

跟大家分享一則很有趣的故事——

有兩個人因見解不同，發生嚴重爭執，相持不下。他們決定請德高望眾的長老主持公道。

第一天晚上甲找到長老，說了他的看法。

長老說：「嗯！你說的有道理。」

第二天晚上，乙也找到長老，說了他的想法。等他說完，長老說：「嗯！你說的有道理。」

事後，一旁的人不解地問：「兩個人的說法完全不同，你卻說他們都有理，怎麼可能兩人都是對的呢？」

長老笑著說：「嗯！你說的有道理。」

答案也許只有一個，但人卻有千百種，紛爭也就永遠都擺不平。結果，公說公有理，婆說婆有理，總而言之，「嗯！誰說的都有道理啦！」

會心一笑

湯姆的媽媽盛裝前往運動場觀看小兒子遊行，當那神采奕奕的對伍正整齊地前進通過司令台時，「哇，多棒呀！你看，我們家的湯姆多聰明；除了他以外，每一個小朋友都踩錯了步伐。」湯姆的媽媽興奮地說。

chapter 31

對錯的定義

唯有當你停止說別人在製造你的痛苦，
當你了解到你就是你痛苦的製造者，
你才能真正自由；
當你愈為自己生命負責，
你就愈自由，因為那是你的選擇。

對錯的定義

世上根本就沒有對錯這回事，因為某些事情或許這一刻是對的，在下一刻卻變得不對了，某些事或許今天是錯的，到明天就變得並沒有錯。隨著時間在轉變，對在改變，錯也在改變；一切都在改變。

那對錯就沒有標準了嗎？是的，對錯沒有絕對的標準，對錯的標準是相對的。什麼是對？什麼是錯？我認為，任何行為的結果會帶來快樂和諧即是對的，反其道而行即是錯的，這就是我對「對錯」的定義。

比方，你跟朋友爭吵，結果你爭贏了，然後你覺得快樂嗎？如果你覺得不快樂，那即使你爭贏了、即使你說的有道理，但你破壞了快樂和諧，所以你還是錯的。

說得更明白一點，你做了某件事之後，如果你很快樂，那你一定是做了對的事；反之，如果你處在痛苦中，那你一定是做了什麼錯誤的事。讓這成為一個準則。如果你現在經常不快樂，那必須檢討自己，你做了什麼錯誤的事？

我致力每個人都能活出自我，唯有活出自我的人才能得到真正自由，而想得到自由首先要做的，就是為自己的行為一肩挑起全部的責任。

是的，你必須為自己生命負責，其他沒有人必須負責。如果你受苦，那是因為你自己的緣故；如果你享樂，那也是因為你自己的緣故。唯有當你停止說別人在製造你的痛苦，當你了解到你就是你痛苦的製造者，你才能真正自由；當你愈為自己生命負責，你就愈自由，因為那是你的選擇。

一旦你有了這個認知，一旦你了解到：「我必須為我自己負責，不論快樂或痛苦，我都是原因，是我自己的選擇。」突然間，你的焦點就會從外轉向內，你學會了向內求，你整個人生將變得不同，你將不會再把責任推到別人身上，那你就活出了自我。

是的，對錯沒有絕對標準，世事都在改變。然而就像陽光下的影子，痛苦會像影子跟隨著錯誤，快樂會像影子跟隨著正確，這是不變的，聰明的你，該知道怎麼選擇了吧！

會心一笑

一個老太太新僱了一個女傭，到家裡來幫忙。晚上，老太太看見女傭房間燈未熄，就問道：「阿英，這麼晚了怎麼還沒睡啊？」

「太太，您還沒睡，我怎麼敢睡！」女傭乖巧地回答。

太太一聽，心裡很高興，心想新僱的這個女傭一定很聽話、很懂事。

隔天早上，老太太看女傭還沒起床，就叫說：「阿英，怎麼這麼晚還不起床？」

「太太，您還沒起床，我怎麼敢起床？」女傭溫和地說。

老太太一聽，氣死了，大聲罵道：「阿英，妳是不是要死啦！」

女傭還是溫和地說：「太太，您還沒死，我怎麼敢死？」

chapter 32

錯的永遠是你

無論發生了什麼事，
都是你的責任，
這是我的觀察，
無論遇到任何事，
那個錯的永遠是你。

錯的永遠是你

無論發生了什麼事，都是你的責任，這是我的觀察，無論遇到任何事，那個錯的永遠是你。

某個人利用你，那是你的錯，誰叫你自己要被利用；某個人控制你，那是你的錯，誰叫你自己要被控制；某個人欺騙你，那是你的錯，誰叫你自己要被欺騙；不管你遇到什麼問題，要記住，錯的永遠是你。

有人一定會想，有沒有搞錯啊？明明是那個人騙了我的錢，是那個人欺騙了我的感情，怎麼說錯的都是我呢？

沒錯，錯的都是你。如果你沒錯，為什麼你會被欺騙？你會被欺騙，難道你都沒錯嗎？事實上，如果你沒錯，那就永遠沒有人能欺騙你。

你錢被騙，你當然會認為是那個人的錯，是他欺騙了你，但是我不想騙你，我必須誠實的告訴你，騙你的人其實是你自己，是你的貪念欺騙了你。那個人只是比你狡猾，就是這樣而已。

你感情被騙，該怪誰？還是怪自己吧！你竟然會愚蠢的相信他，是你的愚蠢讓你受騙，如果沒有他，其他人也會欺騙你，如果你還沒學聰明的話。

你又氣、又絕望。你說，是那個人辜負了你……是他嗎？不，是你辜負了自己……

如果他讓你失望，那是你的問題，誰叫你要去期望；

如果他讓你痛苦，那是你的問題，誰叫你抓著不放；

如果他掐你的脖子，那是你的問題，誰叫你要找一個會掐你脖子的人？
這是你的選擇，不要去怪別人，無論你出了什麼問題，你只能怪自己。
是的，錯的永遠是你。

會心一笑

先生，你的結婚戒指好像戴錯手指了。
這位老兄則回答：「沒錯，因為我娶錯老婆了。」

chapter 33

期待放下，心放下

今天感情和親情問題會有那麼多，
即是因為有太多的人對所愛的人有過多的期待，
期望的程度愈高，失望就愈大。

期待放下，心放下

你又氣、又恨，因為那個人辜負了你對他的期望。你說，他太讓你失望了……

你會失望，那是因為你沒有看清整個事實。事實上，沒有任何人存在是為了要滿足你的期待的，每一個人來到世上都是為了滿足自己、都是為自己而活。

愛人之所以痛苦，都是因為期待，當你愛上一個人，你就開始創造出期望，幾乎每一對情侶和伴侶都那麼做，每一個父母對子女也這麼做，當對方若沒有達到「預設」的期望時，問題就來了。

今天感情和親情問題會有那麼多，即是因為有太多的人對所愛的人有過多的期待，期望的程度愈高，失望就愈大。

愛怎麼會帶來痛苦？因為你沒有從那人身上得到預期的東西，不是嗎？你愛你的家人、愛你的妻子或丈夫、兒子或女兒，但你最常生氣的對象又是誰？是他們，對嗎？因為他們讓你失望、他們辜負了你，他們讓你痛苦……

好，現在讓我們一起來想想，這個期望是誰創造的？這個失望的人又是誰？如果你曾靜下來想過，你就會明白怎麼回事—原來這都是你自找的，你一直把期望投射到別人身上，這就是你一再失望的原因。

你怎麼能把你的期待放在別人身上呢？你怎麼能怪別人讓你失望？怎麼能氣別人或恨別人辜負了你？你喜歡做自己，為什麼他就不能做自己？他只是表露出他本來的樣子，這也有錯嗎？

下回當你覺得失望受挫時，別忘了問問自己：「這個痛苦是怎麼來的？是不是因為我的期待才造成的？這些期待合理嗎？能放下嗎？」

一旦放下期望，放下對結果的執著，你的心就會平靜下來，你將發現原來你就是自己期望下最大的受害者。

會心一笑

有位太太非常沒有自信，首飾戴得像聖誕樹，她經常問先生說：「我這樣美不美呢？」

先生不耐煩的回道：「美啦！美啦！」

有一天她又問：「我這樣有沒有十全十美呢？」

先生就回答說：「妳只有十全八美。」

太太聽了很不高興：「我哪兩樣不美呢？」

先生說：「你沒有內在美和外在美」

chapter 34

爲什麼你會吸引它們？

你本身就是個磁鐵，
你所有的思、言、行會形成一個磁場，
吸引那些和你相近的人、事、物過去。

爲什麼你會吸引它們？

我們每個人就像蜘蛛一樣，在心中編織著蜘蛛網，不管人到哪裡，就把網撒到哪裡。你會「碰上」哪些人或「扯上」哪些事都是因為自己的緣故，是你吸引了他們。

如果你在你的周圍感覺到地獄，那是你吸引它們，或是你緊抓著它們不放，所以，不要對它們生氣，不要跟它們抗爭，你搞錯了，你應該回過頭來問自己，你應該向內求，為什麼你會吸引它們？為什麼你會遇到那個人和那些事？

當你質疑：「為什麼我會遇到這種遭遇？」時，你應該反過來問自己：「我有這種遭遇是為什麼？」

你常會抱怨說：「為什麼他們要這樣對我、批評我、利用我、欺騙我……。」這又弄錯了方向，你應該反過來問自己：「為什麼我會吸引這樣的人？是我的想法嗎？還是我的言行？我到底做了什麼，所以他們會這樣對待我？」

問題之所以發生在你的身上是因為你的緣故，是你吸引了他們。那就是我們常說的同類相吸，物以類聚。不管是人還是事情，只要跟你頻率相同，就會開始吸引，這點我在近著《所以，你也要發正念》書中已有詳述。你本身就是個磁鐵，你所有的思、言、行會形成一個磁場，吸引那些和你相近的人、事、物過去。

這就好像財富會吸引更多的財富，債務會吸引更多的債務；痛苦也會吸引更多的痛苦。如果你編織的是痛苦的網，那麼所有的痛苦都會被你吸附過來。

你老是遇到這樣的人，為什麼？這樣的事情發生在你身上，為什麼？為什麼是你，而不是別人？想想看，你是怎麼吸引他們的。

會心一笑

有對夫妻在協議離婚時，法官問：「你們為什麼要離婚？」

「法官，我已經受不了了，我這個老婆，每次都跟我唱反調！」老公氣憤地說。

「你才跟我唱反調呢！」老婆也不甘示弱。

「妳瘋了啊！在這裡講話還這麼大聲！」

「你才瘋了！」

「妳去死啦！」老公拉高嗓門說。

「你才去死啦！」老婆也大聲反擊。

法官聽了，愉快地說：「聽起來，你們兩個的意見都蠻一致的嘛！」

chapter 35

我是怎麼造成的呢？

真正有效的策略應該從本身能掌控的部分著手，
也就是先檢討自己的缺失，
反過來問自己：「我是怎麼造成的呢？」

我是怎麼造成的呢？

「責任」是一個被誤解的詞，大多數人都把它用於指責。當有人控訴說：「誰該負責？」時，意味著「這是誰的錯？應該責怪誰？」

然而，責任並不等於責怪，接受責任，並不代表要怪罪某人，這有很大的差別。責任是表示你對自己負責，表示你對結果主控的態度；而責怪就完全不同，當你責怪某人某事，就表示問題是出在別人，結果是你無法控制的，你是無能為力的。責怪別人會讓你墮落，責任則是讓你成長。

更明白的說，責任是讓你擁有力量，而責怪卻是送走力量。當我們責怪別人時，是源於自身的無力感，這樣的態度只會使我們的感覺更糟，變得更加的無助而已。反之，負責意味著我們握有掌握權，可以將力量放在建設和改造上。

舉例來說，如果某人婚姻出了問題，卻只顧揭發對方的罪狀。這種作法只不過強調錯不在我，充其量不過證明自己是一個無能的受害者，並不能挽回婚姻。不斷責怪對方不但於事無補，反而會令人老羞成怒。

真正有效的策略應該從本身能掌控的部分著手，也就是先檢討自己的缺失，反過來問自己：「我是怎麼造成的呢？」

＊我有做錯什麼嗎？否則為什麼會這樣？

＊我是否對他（她）的期望太高？

＊我是否對他（她）的要求太多？

*是否是我不夠尊重他（她）？

*是否是我誤解了他（她）？

*如果我想改變，我應該怎麼做？

我常說，沒有一個問題能在一個人願意負起責任去解決它之前就得到解決。

我希望這個策略能幫你揪出問題，做一個勇於負責的人。

會心一笑

一個女秘書上班一連幾天都遲到，總經理很不高興。

女秘書總是怪說是手錶慢了，以致誤時，並不是她的責任。

今天，她又遲到了，總經理抬頭對秘書說：

「妳如果不快換一隻準確的手錶，那我很快就會換一個準時上班的秘書。」

chapter 36

我錯了！

世界上最難做到的一件事，
便是承認自己錯了；要解決一種情況，
除了坦承錯誤，
沒有更好的方法。

我錯了！

承認錯誤，說來輕鬆，做起來卻不容易。

班傑明•狄斯累里（Benjamun Disraeli，英國前首相、作家）早在一百多年前，就說過：「世界上最難做到的一件事，便是承認自己錯了。」但他接著又說道：「要解決一種情況，除了坦承錯誤，沒有更好的方法。」

他說得對，除了坦承錯誤，沒有更好的方法，因為沒有任何人能改變自己不願承認的事。

試想，如果一個壞脾氣的人不願承認自己有情緒上的問題，你認為他變好的機率有多高？一個酗酒的人如果不願承認自己有酗酒的問題，你認為他戒酒的機率有多高？

「錯誤」（mistake）意味著「錯過記取」（missed taking）一個能幫助你成長的教訓。所以，人們如果能記住，那錯誤就根本不算什麼，錯誤不過是每個人旅途上的一個路標而已。

只要是人都會犯錯，但只有愚蠢的人會一直錯下去。這個世界的傻瓜都知道替自己的錯誤辯解，但只有聰明的人才知道承認錯誤。因為，承認錯誤——

表示你是人，是人都會犯錯。

表示今天的你比昨天的你聰明。

表示你有勇氣，你可以勇敢的拋開它。

表示你還會成長，你還可以更好更棒。

就像卡內基說的：「若能抬起頭承認自己的錯誤，那麼錯了也能有助於你。因為承認一樁錯誤，不僅能增加人們對你的尊重，且將增加你的自尊。」一個真正聰明、有自信的人，都會願意大聲的說出：「我錯了！」並重新來過。

允許自己犯錯，並爽快地承認，這就對了！

會心一笑

法官對竊賊說：「有四個人親眼看到你行竊，你怎能還說自己無辜。」

竊賊答道：「法官大人，我也可以找出四十個人沒看到我犯案啊！」

chapter 37

那是我的選擇

在自由裡面，
你必須為你的每一個思想、
每一個言論、和每一個行為負責任，
你不能夠將任何東西丟給別人。

那是我的選擇

人們喜歡自由，但沒有人想要責任；人們喜愛掌權，但沒有人願意負責；然而它們是一個銅板的兩個面，它們是分不開的。

你接受多大的責任，你就擁有多大的控制權；你擁有多大的控制權，你就享有多大的自由。

我們常說：「權責、權責。」有多大的權力，就得負多大的責任，道理就在這裡。在自由裡面，你必須為你的每一個思想、每一個言論、和每一個行為負責，你不能夠將任何東西丟給別人。

如果你把原因推給別人，如果原因全都是外在因素，那你根本沒有自由可言，你怎麼可能自由呢？因為你怎麼可能改變所有的外在因素？

自由不是嘴巴說說而已，自由是責任，如果你不想聽命於任何人的指揮、不想成為任何人的奴隸，那就負起責任。

負責並不代表錯誤，但錯誤的人總是不願負責。你負起所有的責任，並不是說別人都沒有任何錯誤，這一點常被大家誤解。也許別人也有錯，但那個最終的鑰匙是握在你的手上，不管別人怎麼做，你都有選擇的自由，所以我說，關鍵就在你。

當然啦，在開始時，要接受說：「我必須負起所有的責任。」是很困難的，但這只是一開始，因為隨著那個責任被接受，情況就會有很大的轉變：「如果我負責，那我可以改變；如果擁有權力是我，那我就可以選擇。」一旦你負起責任，你就成了主人，你是自由的，現在一切都操之在你。

當你說：「不管我是什麼樣子，那是我的選擇，如果想更改，我有絕對的自由，沒有人可以阻止我。假如我決意改變，我就可以改變。」你將會感到驚訝，當你將所有的責任都扛在自己肩上，你就是完全自由的人。

人們渴望自由，卻不知道自己生而自由，就因為這個無知，讓自己失去了自由。

會心一笑

查理布朗是一套在美國名聞遐邇的漫畫集，其中有幅漫畫，畫的是一個小男孩和小女孩的對話，小女生告訴小男生：

嗯，生命裡充滿了選擇，你可以選擇拿雪球丟我，當然，如果你要的話，也可以不拿雪球丟我；但請注意，如果你選擇丟我呢，我就一拳把你的頭打掉；如果選擇不丟我，那你的頭就算得救了。

chapter 38

是誰自己送上門的？

除非你的合作，
否則別人能把你怎麼樣？
所以到最後該負責的是你，
那是你的選擇。

是誰自己送上門的？

不論發生什麼事，那都是你的選擇，即使你並沒有覺察到，因為有時候你想要一樣東西，而你卻選擇了另外一樣；或者你選擇了某種做法，但你的想法卻不是這樣，但那仍是你的選擇。

比方：你想好好的跟先生溝通，但話沒說幾句你又跟他吵起來，妳會說：「如果不是他說那些話，我也不會那麼生氣！」而他會說：「如果不是他那麼生氣，我也不會說那些話！」每個人都只看到別人的反應，卻沒有人看到自己的作為，你當然不會認為那是你的選擇。

我們常會聽到那些做了不該做或不想做的事的人說：「我沒有其他選擇。」這只是合理化的藉口，怎麼會別無選擇呢？你從來不會沒有選擇，從來不會。事實上，你一直都在做選擇，你的每一個想法和做法、你做的每一個決定，你說出的每一句話，都是你的選擇。包括這個你稱為「沒有選擇」的部分，正是讓你去體驗你擁有的選擇。

某人的行為會傷害你，那是透過你的合作，這在前面我已經說過，除非你的合作，否則別人能把你怎麼樣？所以到最後該負責的是你，那是你的選擇。你說：「我先生傷害我。」、「是我太太逼我的。」但是這個先生和太太又是誰選擇的呢？要不是你選擇了他們，他們又能把你怎麼樣？

有個先生和太太在爭論，先生說：「會跟妳結婚，那真是我這輩子最錯誤的決定。」

太太不屑地回道：「難道是我逼你的不成？」

沒錯，捕鼠器不會去追老鼠，是老鼠自己送上門的。

一個人生活的全部就是一連串的選擇與決定，不要去抱怨或責怪任何人，當初不是你自己選擇要的嗎？不是你決定的嗎？當你被「捕鼠器」搞得吱吱叫時，別忘了，又是誰自己送上門的？

會心一笑

有一個太太，精明能幹，做事有條不紊，可是婚後她發現，先生做事總是迷迷糊糊、枝粗大葉。

有一天，這精明的太太又為某事生氣起來，大聲地對先生咆哮說：「當初我真是瞎了眼，怎麼會看上你？」

先生回道：「當初妳是『聰明一世、糊塗一時』；而我呢？是『糊塗一世、聰明一時』。」

chapter 39

你現在就在地獄！

如果你怨恨，
你就創造出一個充滿忿怒、衝突和黑暗的世界；
如果你充滿著愛，
你就創造出一個美好、喜悅和發光的世界，
那是一個完全不同的世界。

你現在就在地獄！

我們生存的世界並不只有一個，這世界有多少人，就有多少世界存在；我活在我的世界裡，你活在你的世界裡，每個人都在他自己的周遭創造出一個世界。

就在你的周圍，或許有人生活在天堂裡，而你可能生活在地獄裡，你認為你們是生活在同一個世界嗎？不，你們怎麼可能生活在同一個世界？

當意念不同，你在你的周遭將會創造出不同的世界，因為你的世界是由你創造出來的。如果你怨恨，你就創造出一個充滿忿怒、衝突和黑暗的世界；如果你改變意念，你充滿著愛，你就創造出一個美好、喜悅和發光的世界，那是一個完全不同的世界。

天堂和地獄並不是兩個不同的世界，而是兩種不同的心態。它們存在你我的一念之間。

古時候，有個諸侯問禪師說：「你可不可以告訴我，是不是真的有地獄呢？」禪師沒有回答他。

諸侯就繼續問：「到底地獄是不是真的存在？」禪師還是沒回答。

這諸侯開始有點不悅，他又再問：「地獄在那裡，真的有沒有地獄啊？」禪師仍然不理他。

最後，這諸侯真的生氣了：「我再問你一次，如果你再不回答，我就要將你斬首示眾！」禪師還是不理他。

這時，諸侯拔起箭來，氣呼呼的衝向禪師……

禪師終於開口，他說：「好了，你現在就在地獄！」

地獄並不是死後才去的地方，地獄就在此時此地，地獄就在你的一念間。引用耶穌的話：「天國就在你心中，而那也是地獄的所在地。」一念惡，天堂變地獄，一念善，地獄變天堂。

地獄並不是某個地理上的位置，而是某種心理上的狀態。地獄是一種錯誤的思維方式，是一種負面的言語和行為，只要你處在那個當中，你就會在身邊創造出地獄。

人們一直向外尋找，那是搞錯了方向，天堂和地獄都存在你的內心，它們不斷的從你的身上擴散開來，而後成為你的人際關係、你的生命經驗，成為你的世界。

你帶著什麼樣的心態，就創造什麼樣的世界。

會心一笑

兩名男士在酒吧裡聊天。

其中一位說：「我老婆實在很厲害。她改變了我的信仰。」

「喔？她是怎麼做到的？」另一位男士問。

「以前我不相信任何事，直到結婚後我才相信有地獄存在。」

chapter 40

世界活在你心中

你怎麼看這個世界，這個世界就怎麼看你；
你如何對待這個世界，這個世界就如何對待你；
只要帶著正面的心態，不管你人身在何處，
你的世界必定是天堂。

世界活在你心中

幾天前，我讀到一本書。大意是這樣，有一個哲學家在桌上睡著，然後他做了一個夢。

在夢中，他看到自己搭上一輛火車，便問說：「這輛火車要開往哪裡？」

鄰座的人說：「要開往天堂。」

他說：「太好了，我一直很崇拜蘇格拉底，我想到了天堂，可能就有機會見到他了。」

當他進入天堂，那裡跟他的想像完全不同，不但沒有歡樂氣息，到處都破舊不堪，看起來死氣沉沉的，他簡直無法相信這就是天堂。

他急著想離開那裡，於是他問：「這輛火車待會兒會開到哪裡？」

「開往地獄。」他想都沒想，就跳上去坐。到了地獄，他再度無法相信眼前所看到的一切，因為那裡真的很美。有很美的花草、河流、樹木、小鳥歌唱，每個人都很快樂，他說：「事情好像不對了！這裡似乎就像天堂。」

他走到了市區，問人們說：「蘇格拉底在這裡嗎？」

他們說：「有，他在郊外散步。」

於是他到蘇格拉底那裡，問說：「你就住在這裡嗎？為什麼你那麼好、那麼善良的人會被丟進地獄？」

蘇格拉底說：「我根本就不知道有什麼地獄，在我們來到這裡之後，已經將它轉變成天堂。」

他說得對，天堂和地獄並不在環境的不同，而在心境的轉換。

有位弟子對師父說：「這世界真是一團糟！」

師父回答：「不，這世界真是美好！」

「難道我們不是生存在相同的世界裡嗎？」弟子不解。

「沒錯，只不過你看到自己活在世界上，而我卻看到世界活在我心中。」

師父笑著說。

沒錯，世界就在你的心中。

你怎麼看這個世界，這個世界就怎麼看你；你如何對待這個世界，這個世界就如何對待你；只要帶著正面的心態，不管你人身在何處，你的世界必定是天堂。

會心一笑

有一個觀光客興高采烈地，穿上他的泳衣往大海方向跑。他問一個路過的人：「海離這多遠？」

那個人以非常同情的眼神看著這個觀光客，他說：「你不可能用走的走到大海，這裡是撒哈拉沙漠，大海離這裡至少有八百公里遠。」

那個觀光客說：「這樣我就只好在這個海灘上休息了。」

chapter 41

人相拼好，地圖也就拼好

「環境不能塑造一個人，
它只是讓他反觀自己而已。」
你目前的處境就像一面鏡子，
可以顯示你是怎麼樣的人。

人相拼好，地圖也就拼好

一個星期六的早晨，有位牧師正在為明天的講道詞傷腦筋，他一直找不到合適的講題，偏偏他的小孩又在旁邊搗亂。

無奈中，他隨手拿起一本舊雜誌，順手翻到一張色彩豔麗的圖畫，那是一張世界地圖。它把這一頁撕下來，撕成小碎片，交給小孩說：「強尼，只要你把它拼起來，我就給你獎賞。」

牧師心想這至少可以讓兒子忙上半天，自己也正好準備一下講稿。

誰知不到幾分鐘，他的書房就響起了敲門聲，說地圖已經拼好。牧師真是驚訝萬分，兒子居然那麼快就拼好了。每一片紙都整整齊齊的排在一起，整張地圖又恢復了原狀。

「強尼啊，怎麼這麼快就拼好啦？」牧師問。

「喔，」強尼說，「這很簡單呀！我看到這張地圖的背面有一個人的照片。我把那個人相片拼好了，地圖也就拼好了。」

牧師忍不住笑了起來，他邊給強尼零用錢，邊說道：「你把明天講道的題目也給我了。」他說：「假如一個人是對的，他的世界必然也是對的。」

這世界並沒有什麼不對，你會覺得不對，那是因為你帶著錯誤的想法，就只能看到錯誤。

所以，不要對世界生氣，不論你碰到的是怎麼樣的世界，世界不過是你自己想法的放大；也不要對別人生氣，不論你碰到的是怎麼樣的人，別人不是別人，他們只是你自己的延伸。

希臘大哲伊皮克提圖斯（Epictetus）說：「環境不能塑造一個人，它只是讓他反觀自己而已。」你目前的處境就像一面鏡子，可以顯示你是怎麼樣的人。

因此，如果你不喜歡你周遭的世界，你要改變的不是世界，不是別人，而是你自己。

是的，假如你是對的，你的世界必然也是對的。

會心一笑

小妹：「哥，我看到一個男生很不順眼，他是我見過最討厭的男生，我要怎樣才能讓他痛不欲生？」

哥哥：「妳嫁給他，就能讓他痛不欲生！」

生活勵志015

愛錯在哪裡

愛已然消逝，那一切美好不再，季節已變，我倆之間已經沒有春天；花落水流，芬芳不再，該是曲終人散的時候了……

為什麼愛走到最後總是這樣？你不禁問。愛，到底錯在哪裡？

愛並沒有錯，親愛的，你錯愛了，那是因為你以為的愛，並不是愛。有千千萬萬的人活在自以為是愛人的謬見之中，他們認為自己在愛，但這哪是愛，這不過是「自以為是」罷了！

許多人只是看見一張漂亮的臉蛋，一個姣好的身材，或是一份包裝精美的禮物，就認為：「天啊！我戀愛了！」你以為愛是什麼？是臉蛋、是身材、是禮物？這跟愛有何關係？過一陣子你就會明白，同樣的臉、同樣的身體，即使包裝的再精美，你遲早都會厭煩的。你所謂的愛只不過是腦袋在發燒，等燒退之後，熱情消退，你將發現光靠高挺的鼻子、豐滿的胸部是無法填補內心的空洞的。

或許你並不是那麼膚淺，你說，你會愛上他那是因為他很有內涵，他很有才華，他很有氣質，他很溫柔，他對你非常體貼，他對你、對你的家人很好，他真的很特別……。你說，你愛的是那個人的特質，而不是那個人的外表。我同意，你確實比較有深度，但我不想欺騙你，你的愛仍是膚淺的。

如果你是因為對方擁有的東西而去愛，你就不是愛他們，你愛的是那個特質；我要告訴你，愛那些特質並不是件什麼了不起的事，你愛的只是那些你沒有的或是你想得到的，明白嗎？如果你是因為對方對你好而愛，那你愛的並不是那個人，你愛的其實是你自己。當對方不再對你好，你也就不愛，甚至由愛生恨，這怎麼能算愛呢？

去看看人們的愛。因為你愛他，所以你就對他有所期待；你期待他永不變心、期待能天長地久；你期待他完美、期待他完全屬於你；你期待他能改變、變得跟你期待的一樣……，假如你將這些都當成是愛的話，愛當然會一再出錯，因為你的愛不是真正的愛，那只是包裝而已，它們看起來很相像，這即是問題所在。

每一個人每一本書都在談愛，但愛卻逐漸在消逝，人們一再的錯失愛，為什麼？因為一直以來大家都沒有搞懂——愛，錯在哪裡？

生活勵志017

當下把心放下

就跟許多成功人士一樣，我每天的工作都是排的滿滿的。我認為生命有限，要活得充實，就要儘可能地不浪費任何時間。

我那忙碌的醫療工作，的確也很完美地配合，每天總有做不完的事。病患的表格還沒寫好，許多電話待回，處理緊急病患的對策還在思考……要用什麼藥、要不要開刀，開刀要考慮什麼？當鑽開頭骨，會不會傷到腦？當牽引器拿出來時，距離三公分外的血壓會有什麼變化？……腦外科手術可不比一般的手術，即使小小的錯誤都可能引致各種嚴重後果，我必須事先想清楚每一個步驟，怎麼進行、每一個狀況會持續多久、怎麼進到下一階段。萬一事情出乎意外怎麼辦？要怎麼避免？如果發生了要怎麼處置？

每個處置必須「當下」就做出判斷，每個表現必須「當下」就完美。在死神等著接手的手術台上，祂才不管你今天的心情好不好，你有沒有吃飽睡飽？你必須全然的投入，這也就是為什麼外科醫師在手術台的時候會忘了口渴、忘了肚子餓、忘記睡眠，甚至忘了身體，以致可以連續手術一、二十個小時都不覺得累，因為我們必須全然地專注於當下。

所以，理所當然的，我自許自己是個活在當下的人。然而，就在二〇〇一年年底我到舊金山開會後，這個認知有了很大的轉變。記得當時，我從機場趕往開會的途中，嚴重的塞車使我困在海灣橋的車陣裡，一種令人發狂的挫折感直向我襲來，這下毀了，我心想：「要是趕不上會議怎麼辦？」我感覺整個胃都糾在一起，心也跟著鬱結起來，就在這時突然有個聲音出現在腦中：「開會遲到，難道就會毀了我一生嗎？」這話如醍醐灌頂，我震驚自己是怎麼了？

望著車裡的後照鏡，我赫然發覺自己就像個陌生人，形色匆匆，卻不知是為何而活。對，我是為生命在努力，但卻忽略了要活出生命；我一直在處理緊急的事，但卻忘記了更重要的事；忽然間，我體悟到自己正錯失什麼，我舒服地坐在車裡，眼前就是一片美景，陽光撒在水面波光粼粼，而我卻視而不見，我人在這裡，心卻不在這裡，我已然錯失了美好的當下。

錯過會議是一回事，錯過這一刻，錯過這一生又是另一回事。我開始反省自己，我到底在急什麼？那麼匆忙又是為了什麼？我每天都活得很用力，卻不曾用心地活；工作或許讓我專注當下，但我的心卻從未放下，即使已經下班、休假、去渡假了，但我的心卻不在它所在的地方，我的當下也從未真正放下。

回想起幾年前那些日子，我就像一隻無頭蒼蠅般衝來衝去，從未停下腳步來品賞當下，如果你在午餐後一個小時問我，你中午吃了些什麼，我實在無法回答。我幾乎是一面狼吞虎嚥用餐，一面想著之前做了什麼事，接下來還要做什麼事。

這就是我所謂的成功嗎？難道這就是我要的人生？

感謝我的書本讓我反省，我知道這樣的態度一定要改。在這段時間裡，我很認真的考慮過要換種不同的生活方式，我想過要換個職場，或是只要教教書，或者退休下來寫寫書就好。想改變的動機並不只是一個單一的事件，而是幾經風雨後的領悟。

放下如果是可能的，那一定是在當下，不在過去，也不在未來。當下即是解脫的時刻，關鍵就在你願不願意放下而已。

當下，把心放下，這書是寫給你看，其實也是寫給我自己看的。寫到這裡，我望向窗外，一個天剛破曉，微風徐徐吹來的夏日清晨，我很同情的問自己：「那麼美好的一個清晨，你還耗在這房子裡做什麼？」

放下吧，就現在！

請沿虛線剪下裝訂寄回，謝謝！

【生活勵志系列】讀者回函卡

爲提升服務品質，煩請您塡寫下列資料：

1.您購買的書名：都是你的錯

2.您的姓名：________ 您的年齡：____ 歲 您的性別：□男 □女

3.您的E-mail：________

4.您的地址：________

5.您的學歷：
□國中及以下 □高中 □專科學院 □大學 □研究所及以上

6.您的職業：
□製造業 □銷售業 □金融業 □資訊業 □學生 □大衆傳播
□自由業 □服務業 □軍警 □公務員 □教職 □其他

7.您從何得知本書消息：
□書店 □報紙廣告 □雜誌廣告 □廣告DM □廣播
□電視 □親友、老師推薦 □其他

8.您對本書的評價：（請塡代號1.非常滿意2.滿意3.偏低4.再改進）
書名 ____ 封面設計 ____ 版面編排 ____ 內容 ____ 文／譯筆 ____
價格 ____

9.讀完本書後您覺得：
□很有收穫 □有收穫 □收穫不多 □沒收穫

10.您會推薦本書給朋友嗎？
□會 □不會，為什麼 ________

11.你對編者的建議？

____

請沿虛線剪下裝訂寄回，謝謝！

廣告回郵
北區郵政管理局登記證 北台字12548號
免貼郵票

高寶國際有限公司

地址：台北市114內湖區新明路174巷15號10樓
電話：（02）2791-1197
網址：www.sitak.com.tw

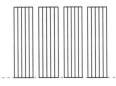

書名：都是你的錯

高寶國際集團

品質保證

GOBOOKS
& SITAK
GROUP©